남자의 진심

남자의 진심

1판 1쇄 발행 2013년 3월 25일

지은이 전경우

펴낸이 이임광
펴낸곳 공감의기쁨
편집 오윤진
디자인 박마리아
마케팅 김석현 이준희
경영지원 김태성

전화 02)333~8276
팩스 02)323~8273
등록 2011년 7월 20일 제 313-2011-204호
주소 서울시 마포구 성산동 261-38번지 베아트리스 101호
e-mail goodbook2011@naver.com

ISBN 978-89-97758-58-6 (03810)

전경우 에세이

남자의 진심

남자는 네 번 운다

태어날 때

군대 갈 때

부모님 돌아가셨을 때

그리고

외로울 때

남자가 아프면 여자도 아프다

세상살이가 힘들다고 난리다. 아프니까 청춘이라고 한다. 청춘이 아니어도 아프다. 다 아프다. 아프냐? 나도 아프다. 다 그런 마음이다. 아픔에 남녀가 따로 없고, 세대가 따로 없다. 너도 나도 다 아프다.

아픈 만큼 성숙한다고 했다. 청춘들에게 아픔이란 성숙을 위한 밑거름이다. 하지만 더 이상 성숙할 것도 없는 세대들에게 아픔이란, 그저 아픔일 따름이다. 고통 없는 삶, 이것이 인간이 마지막 순간까지 간절하게 바라고 바라는 것이다.

하지만 아프지 않고 살 수는 없다. 비가 오면 오는 족족 다 맞고 눈이 내리면 두 팔 벌려 종일 눈을 맞고 서 있을 수는 없다. 비가 내리면 우산을 쓰고, 눈이 내리면 방한복을 뒤집어써야 한다. 비가 오면 비를 맞고, 눈이 내리면 두 팔 벌리는 일은 유행가에나 있는 일이다. 아프면 진통제를 맞아야 한다.

영화 속 겨울 바다의 풍경은 근사하다. 황혼이 지는 겨울 바다는 더없이 멋지다. 사랑하는 사람과 걷는 일처럼 로맨틱한 것도 없다. 겨울 바다를 사랑하는 누군가와 걷고 싶다. 겨울 바다의 바람을 온몸으로 맞고 싶다. 하지만 내가 찾아간 겨울 바다는 결코 아름답지 않다. 영화처럼 멋진 배경 음악을 들을 수 없고, 사랑하는 그녀는 시퍼런 입술로 얼른 돌아가자고 보챈다.

그런 것이다. 세상은 영화 속 장면처럼 늘 아름답지도 않고, 근사한 배경 음악이 흘러넘치지도 않는다. 몹시 비루하고 초라하거나, 너무 아파 비명조차 내지 못할 때도 있다. 그렇다고 인생을 피해 갈 수는 없다. 어찌됐든 인생은 살아야 하고, 살아내야 한다. 누구한테나 주어진 삶의 몫이 있는 것이다. 사랑도 행복도 각자에게 주어진 양이 있고, 아픔도 고통도 그러하다. 그러니 주어진 만큼 살아야 하고 살아내야 한다. 앞서간 사람들이 수없이 반복하며 걸어왔던 길을 가야 한다. 그 인생의 길에서 만나야 하는 많은 것 중 하나가 결혼이다. 해도 후회 안 해도 후회라는 둥, 사랑의 무덤이라는 둥 결혼만큼 무수한 해설이 붙은 것도 없다.

청춘이 눈을 반짝이며 사랑이 무어냐고 물으면 뭐라고 대답할까. 희생, 그리움, 애틋함, 연민, 한마디로 콕 찍어 대답하기 어렵다. 대답하기 어려운 만큼 하기도 어렵다. 그게 사랑이다. 어쩌면 사랑이란, 사리분별을 하지 못하고 자제력을 잃게 한 일시적인 눈의 콩깍지일지도 모른다. 사랑을 할 때는 사랑을 모른다. 사랑이 다 지나간 다음, 사랑을 알게 된다. 그런 것이다. 곁에 있을 때는 모르다가 흘러간 다음 뒤늦게 안다. 사랑도 그렇고 사람도 그렇다.

결혼도 그렇다. 세상에서 가장 아름다운 모습을 한 신부와의 감미로운 웨딩마치만큼 가슴을 두근거리게 하는 것도 드물다. 하지만 오르막이 있으면 내리막이 있는 법. 정점에 닿고 나면 내려갈 일밖에 없다. 생의 가장 아름다운 순간이 지나고 나면 현실로 내려와야 한다. 현실은 웨딩마치처럼 늘 감미롭지도 않고, 자신들을 위해 박수칠 일도 없다.

그들은 인생의 험로를 따라 함께 걸어야 한다. 하지만 어디로 가야 할지, 어떻게 가야 할지 어리벙벙하다. 어리벙벙한 가운데, 다투고 싸운다. 날 선 말로 상대의 영혼을 후벼 파고, 가슴에 평생 남을 상처를 남긴다. 누구는 처음처럼 다시 남남으로 갈라서고, 누구는 또 눈물을 삼키며 현실을 버텨낼 것이다. 결국 결혼이 젖과 꿀이 흐르고 강 같은 평화가 넘치는 천국이 아니라는 것을, 결혼한 다음에야 알게 되는 것이다.

인생을 쉽게 생각하면 어려운 삶을 살게 된다. 반면 사는 게 원래 어렵다고 생각하면 사는 게 쉬워진다. 살려고 하면 죽고, 죽으려고 하면 산다는 말이 바로 그 말이다. 결혼도 그러하다. 결혼이 쉬운 것이라 생각하면 결혼생활이 어렵고 원래 어려운 것이라 생각하면 결혼생활이 쉬워진다.

요즘 남자들이 죽는소리를 해댄다. 아프니까 남자라며 죽는 시늉을 한다. 젊으나 늙으나 남자로 살기가 힘들다며 아우성을 친다. 왜 그럴까. 과연 남자들만 살기 힘든 세상이 된 것일까. 여자들은 신이 나서 마구 강남스타일 말춤을 춰대고, 남자들은 풀죽은 모습으로 웅크리고 있어야 할까. 절대 그렇지 않다. 같은 상황이라도 말춤을 추기도 하고, 그렇지 않을 수도 있다. 사람에 따라 다른 것이다. 같은 상황이라도 스트레스를 받는 사람이 있고, 아무렇지 않은 사람도 있다. 두 눈 똑바로 뜨고 현실을 들여다보면 왜 내가 아파하는지 보인다. 아픔의 원인을 알고 나면 이겨낼 방도를 찾게 된다. 원인을 찾지 않고 죽겠다는 소리만 질러대면 아픔을 이겨낼 수 없다.

남자가 아프면 여자도 아프다. "아프냐? 나는 하나도 안 아픈데!" 이런 말을 하는 여자가 있지만, "아프냐? 나도 아프다."고 말하는 여자도 있다. 분명 있다. 그러니 남자들, 좌절금지다.

세상에 쉬운 것 없다. 공짜도 없다. 로또 맞을 생각으로 살면 평생 피곤하다. 대박 나세요, 그런 인사하는 인간들하고는 놀지 말아야 한다. 인생에 대박은 없다. 있어도, 공짜대박은 없다. 결혼도 그렇다. 결혼식을 올린다고 행복이 저절로 오지 않는다. 작은 화단을 가꾸어도 공을 들여야 예쁜 꽃이 피고, 농부가 부지런해야 풍년이 온다. 다 내 할 탓이다. 그러니 남자들 기운차게 일어설 일이다. 현명한 남자는 아파할 겨를이 없다.

국민남편 때문에 기죽는 남편들

2012년, 대한민국 남편들의 속이 뒤집어졌다. 탤런트 김남주가 여자 주인공으로 등장한 드라마 〈넝쿨째 굴러온 당신〉 때문이었다. 이 드라마 속 남자 주인공은 그야말로 '아내바보'다. 사근사근한 말투는 기본이고 아내의 심기나 처지를 귀신처럼 알아채고 이해할 뿐 아니라 팔베개에 발 마사지까지 아내를 위해서라면 물불을 가리지 않는다. 그뿐 아니다. 남자는 돈도 잘 벌고 명성까지 자자한 의사다. 처가 식구에게도 얼마나 잘하는지 푼수 끼 넘치는 장모의 사위 자랑이 이만저만이 아니다.

과연 저런 남자가 현실에 있을까. 그럼에도 수많은 대한민국 아내가 남편을 한심한 눈으로 바라보기 시작했다. 이 때문에 멀쩡한 남편들이 아내의 눈치를 살피게 된 것이다. 돈 잘 벌고 능력 있는 '옆집남자' 때문에 스트레스 받는 대한민국 남편들이 느닷없는 '국민남편'의 등장으로 어깨가 더 움츠러들었다. 갖은 수모와 굴욕을 견디며 뼈빠지게 일해봤자 한심한 인간이란 소리 듣기 십상인 그렇고 그런 남편들이 더 죽을 맛이 된 것이다.

"당신이 김남주냐. 김남주처럼 예쁘기만 해봐라. 나도 얼마든지 국민남편 될 수 있다!" 하고 큰소리치고 싶어도 마음뿐, 그럴 용기조차 갖지 못한

한심한 남편이 수두룩하다. 괜히 말 잘못했다가 밥도 못 얻어먹거나 침대에서 쫓겨날 수 있다. 한심한 인간이란 소리를 듣더라도 쫓겨나지 않고 빌붙어 사는 게 훨씬 낫다고 생각하며 할 말 있어도 참고, 더러워도 참는 인고의 세월을 보내는 것이다.

세월이 많이 달라졌다. 잘나나 못나나 그래도 남편, 아버지라며 대접하던 시절은 이미 물 건너갔다. 그런 시절이 있었나 싶을 정도로 까마득하다. 무능력하다 싶으면 가차 없이 공격당하고 무시당하는 게 요즘 가장들의 현실이다.

옛날에는 삼종지도(三從之道)라 해서 어릴 때는 아버지를 따르고, 출가 후에는 남편을 따르고, 남편이 죽으면 자식을 따르는 게 여자의 도리라 했다. 이제 이것이 남자에게 적용되고 있다. 어려서는 엄마를 따르고, 장가들어서는 아내를 따르고, 아내가 죽고 없으면 딸을 따라야 한다. 만약 이 셋 중 하나라도 부족하면 인생이 주름지고 우울해질 수 있다.

〈넝쿨째 굴러온 당신〉에는 또 다른 아내바보도 등장한다. 안경을 걸치고 도도한 표정으로 일관하는 교사 아내를 둔 별 볼 일 없는 남편. 남편을 학생 다루듯 하는 아내 앞에서 그는 고양이 앞의 쥐 신세다. 돈을 제대로 벌지 못하면 아내 말이라도 잘 들어야 살아남을 수 있다는 이 시대의 가혹한 풍속을 온몸으로 증명했다. 아들을 위한답시고 며느리에게 핀잔을 주는 어머니에 맞서 아내 편을 들어 어머니를 당황하게 하고선 "여보, 나 잘했지?" 하며 엉덩이를 내민다. 아내는 "참 잘했어요" 하며 남편의 엉덩이를 톡톡 두들긴다. 이쯤 되면 남편이 아니라 애완동물이다.

많은 남자가 '저런 한심한 놈이 다 있나!' 하면서도 마음 한구석에는 그게 남의 일 같지 않다는 생각도 든다. 한편 '남편바보'로 등장한 여성에게선 무한감동을 받는다. 그 남편은 머리카락 몇 올 남지 않은 대머리로, 돈벌이도 시원찮은 별 볼 일 없는 인물이지만, 이 남편바보는 그런 그에게 무한 신뢰를 보내고 사랑으로 가족을 감싼다. 겉으로는 어수룩해 보이는 드라마 속 이 여인이야말로 참으로 어질고 따스하고 인정 많으며 현명한 아내라는 사실에 대한민국 남자들이 급좌절하기에 이른다.

물론 그 남편이 순박하고 따뜻한 마음을 가진 남자이기는 해도, 요즘 세상에 단지 마음이 좋다는 이유로 아내에게 존경받고 대접받는 게 과연 가능한지, 드라마를 지켜보는 대한민국 남자들의 속이 복잡할 수밖에 없다. 딱히 내세울 것은 없지만 부모를 닮아 심성만은 고운 아들이 가난한 집안 형편을 걱정하자, 속 깊은 아내는 이렇게 말한다. "우리가 돈이 조금 없기는 하지만 가난한 건 아니다. 돈이 많아도 돈 때문에 싸우고 미워하는 것이 진정한 가난이다."

그뿐 아니다. "우리는 아빠가 지금 벌어다주시는 것만으로도 잘 살고 있다. 넌 돈 걱정 하지 마."라고 말한다. 아들 앞에서 남편의 기를 살려주는 센스 만점 아내. 하지만 현실 속 남편들은 어떤가. 발에 땀이 나도록 뛰어다니며 돈을 벌어다주어도 만날 모자란다며 "무능한 네 아빠처럼 안 되려면 공부 열심히 하란 말이야!" 하고 대놓고 남편을 무시하고, 배려심이나 인정머리라고는 모기 발끝만큼도 없는 비정한 아내를 두고 있지 않은가. 그런 남편들이 드라마 속 평강공주를 보면 억장이 무너지는 것이다.

타인을 학대하고 고통을 주며 쾌감을 느끼는 게 사디즘이고, 반대로 남으로부터 학대를 받으면서 참고 견디며 자신도 모르게 쾌감을 얻는 게 마조히즘이다. 사디즘과 마조히즘이 한 개인 안에 공존하는 사도마조히즘이라는 것도 있다. 누구에게나 사도마조히즘의 경향이 잠재해 있다. 미국의 정신분석학자 존 먼더 로스는 저서《왜 자기 자신을 학대 하는가》에서 이렇게 주장한다.

> 자신을 학대하고 고통받으면서 쾌감을 느끼는 사도마조히즘이란, 이를테면 이런 사람들이다. 철없는 자식의 엉뚱한 반항이나 응석을 모조리 들어주는 부모, 형제에게 시샘을 당하지 않으려고 스스로에게 상처를 입히는 어린아이, 얼마든지 직장을 옮길 수 있는데도 낮은 급료를 받으면서 독재적인 경영자 밑에서 혹사당하는 임금 노예, 게으름뱅이 종업원을 해고하지 못하는 경영자, 난폭한 아내에게 기죽어 살면서도 내심 아내를 의지하는 남편, 자기를 사랑해주지 않는 남자를 극진히 모시는 지나치게 정 많은 여자.

누구나 이런 상황에 빠져본 경험이 있을 것이다. 그중 남자의 시선을 붙잡는 것은 '난폭한 아내에게 기죽어 살면서도 내심 아내에게 의지하는 남편'이다. 수많은 남자가 학대받으며 쾌감을 느끼고, 또 의지하면서 쾌감을 느끼는 변태 성욕자 같은 삶을 사는 것이다.
수많은 엄마가 관리형 엄마를 자처하며 아이들을 들들 볶는다. 학원과 과

외로 하루 내내 아이들 꽁무니를 쫓아다니며 스트레스를 준다. 공부 잘하는 엄마 친구의 아들이라는 '엄친아'를 들이대며 아이들을 압박한다. 아이 공부 잘 시키려면 필요한 건 오로지 돈이니 팍팍 벌어오라며 남편을 압박한다. 남편들은 죽도록 고생해서 돈 벌어 학원에 다 갖다 바치고도 고맙다는 인사는커녕 한심한 인간이란 소리나 듣는다며 한숨을 내쉰다. 그러니 아이들은 엄친아 때문에, 남편들은 옆집남편과 아내바보 때문에 기를 펴지 못하는 신세가 되기 십상이다.

어버이날에 무슨 선물을 했냐는 설문조사에서 많은 여성이 시댁 부모보다는 친정 부모에게 훨씬 비싼 걸 선물했다고 대답했다. 집안의 주도권을 틀어쥐고 있는 아내들이 그렇게 결정하면, 남편들은 군소리없이 "네, 알겠습니다!" 해야 시끄럽지가 않다.

이제 확실히 여성들의 세상이다. 그러니 아들만 가진 부모 입장에선 절로 어깨가 처지는 것이다. 그래서 '장가 든 아들을 제 자식이라 여기면 미친년'이란 소리가 나오는 것이다.

결혼은 찬바람 쌩 부는 냉혹한 계약

지금 이 순간에도 웨딩마치가 울려 퍼지는 가운데 신부가 눈부신 드레스를 입고 행진하거나 멋지게 차려입은 신랑이 목소리를 드높여 사랑의 맹세를 담은 노래를 부르고 있을 것이다. 검은 머리 파뿌리 되도록 평생을 사랑하고 아껴줄 것이라 맹세하고, 앞으로 펼쳐질 결혼생활이 꿈처럼 행복할 것이란 기대에 가슴이 떨 것이다.

하지만 결혼이 꿀처럼 달기만 한 게 아니라는 걸 깨닫는 데 그리 긴 시간이 걸리지 않는다. 심지어 결혼이 눈물의 골짜기를 지나 가시밭길을 걷는 것임을 절감하게 된다. 신랑신부에게 던져진 수많은 축하메시지가 사실은 위로와 격려의 메시지였음을 알게 되는 것이다. 젖과 꿀이 흐르는 천국이 아니라 수많은 장애물과 시련이 있는 지옥이란 걸 알고서 '엿 먹어보란 말이야!' 하며 속으로는 고소해한 게 아닌지 의심이 들 지경이다.

사실 많은 사람이 결혼생활을 행복하다고 느끼지 않는다. 그럼에도 그들은 결혼하는 커플에게 박수를 보낸다. 행복하지 않은 줄 알면서도 결혼은 할 만한 것이라거나, 해도 후회, 안 해도 후회하니 한번 해보고 후회하는 게 낫다는 아주 그럴듯한 소리를 하기도 한다. 물귀신 작전이 따로 없다.

가지 않은 길을, 두려움을 안고 가기로 한 그들은 결국 가지 말았어야 할 길을 갔다며 뒤늦게 후회하지만, 이미 엎질러진 물이다.

많은 사람이 결혼에 대해 착각하고 있다. 결혼을 먼저 경험한 사람이나 동화 혹은 영화 같은 픽션이 결혼에 대한 환상을 심어주고, 많은 젊은이들이 그것에 넘어가게 된다. 결혼에 대한 환상이란 다름 아닌 가정이 사랑과 용서, 배려, 용기 같은 순수하고 아름다운 가치들로 가득 채워진다는 것이다.

예전 사람들은 결혼하지 않는 사람을 아예 성인으로 대접하지 않았다. 결혼을 당연시하고 장려했던 것은 결혼과 출산을 통해 공동체를 유지할 수 있는 노동력과 전투력을 확보하기 위해서였다. 요즘에는 공동체의 운명과 개인의 삶이 그렇게 밀접하게 연관되지 않음에도 습관처럼 결혼을 하라고 말하는 이가 많다. 꿀처럼 달콤하지도 않은 결혼을 그토록 하고 싶어하는 것은 오랫동안 굳어진 사고 탓이다. 때가 되면 당연히 결혼해야 하는 것이라 믿기 때문이다.

독일의 사회학자 퇴니스(1855~1936)는 인간의 의지는 '본질의지'와 '선택의지' 두 가지로 나눌 수 있고 그에 따라 두 가지 유형의 사회로 구분된다고 했다. 본질의지에 따라 만들어진 사회를 1차 사회, 즉 게마인샤프트(Gemeinschaft)라 하는데, 가정이 대표적이다. 이것은 사랑과 신뢰를 바탕으로 한다. 반면 선택의지로 형성된 사회가 게젤샤프트(Gesellschaft), 즉 2차 사회인데, 회사나 정당 같은 것이다. 이것은 이해관계에 따라 인위적으로 만들어진 이익사회다. 겉으로 예의를 갖추고 배려하지만, 속으로 철저하게 이해득실을 따진다. 비인간적이고 차가운 게 특징이다.

학교에서 이렇게 배우니, 누구나 가정이란 이해를 따지지 않고 서로 사랑하고 아껴주는, 세상에서 가장 순수하고 아름다운 공간이라 철석같이 믿게 되는 것이다. 가족이란 당연히 그래야 한다고 믿는 것이다. 하지만 결혼을 하면 그게 꼭 그렇지 않다는 걸 깨닫게 된다.

경제적인 어려움에 놓이면 구성원간, 특히 부부 사이가 험악해지고, 갈라서자는 소리가 나오고, 가정이 쪼개지기도 한다. IMF 때도 그랬지만 가장이 제대로 밥벌이를 못하면 가정에서도 무능력자로 찍혀버리는 경우가 허다하다.

〈사랑으로〉라는 노래에 이런 가사가 있다. "아아, 영원히 변치 않을 우리들의 사랑으로 어두운 곳에 손을 내밀어 밝혀주리라~." 듣기만 해도 가슴 뭉클하다. 하지만 가정이란 틀로 들어오면 이야기가 달라진다. '손을 내밀어 밝혀'주는 것은 돈을 벌어오는 순간까지다. 남자가 돈을 못 버는 순간, 아내는 손을 내밀어 할퀴거나 이단 옆차기를 날릴 가능성이 높다. 영원히 변치 않을 우리들의 사랑이란 그런 것이다. 돈을 못 버는 순간 사랑은 온데간데없다. 그걸로 끝이다. 술집에서만 그런 일이 벌어지는 게 아니다. 가정에서도 얼마든지 일어날 수 있다.

그래, 이쯤 되면 사랑과 정을 기반으로 한다는 게마인샤프트는 개 풀 뜯는 소리가 된다. 어려울 때 손 내밀어줄 줄 알았던 아내가 “이 바보! 얼간이!” 하고 사납게 나오면 죽기 살기로 가족을 위해 살아왔던 남자는 “아니, 뭐야? 책에서 배운 것하고 다르잖아?” 하고 절망하게 된다.

그리고는 비로소 깨닫는다. ‘아, 가족이라는 것. 특히 부부 사이는 1차 사회가 아니라 엄격한 계약에 따라 성립되는 2차 사회, 게젤샤프트구나!’ 원래 결혼이라는 게 남자가 사냥을 하든 뭘 하든 목숨 걸고 식량을 구해오고 대신 아내는 이런저런 서비스를 제공하고 자식을 낳아 대를 잇는 것이었다. 따지고 보면 계약관계인 것이다.

세월이 무수히 흘러 결혼방식이 달라졌지만 그 본질, 즉 결혼은 냉혹한 계약관계라는 점은 변함이 없다. 그럼에도 먼저 결혼한, 그러니까 먼저 어른이 된 사람들은 결혼이란 기쁠 때나 슬플 때나 함께하는 것이라고 말하길 멈추지 않는다.

지금 이 순간에도, 누군가는 신부를 위해 목청껏 사랑의 노래를 부르거나 웨딩마치를 울리며 함박웃음을 터트리지만, 또 한편에서는 피터지게 싸우거나 이혼도장을 쾅쾅 찍고 있다. 게마인샤프트와 게젤샤프트, 그거 진짜 개 풀 뜯는 소리다.

남자의 상품가치

〈동물의 왕국〉 같은 프로그램에서 동물들이 맹렬하게 싸우는 모습을 보게 된다. 다른 종족과의 싸움이 아니라 같은 종족끼리 살점이 찢겨지면서 피를 튀기고 죽일 기세로 싸운다. 기린은 그 긴 목으로 서로의 목을 두들겨 패며 싸우고, 왕도마뱀은 끝이 갈라진 혀로 물고 뜯는다. 말은 속도로 경쟁하고, 코끼리물범은 머리를 부딪치며 물어뜯는다. 뿔 달린 양은 목숨 걸고 서로를 향해 돌진한다. 하마는 무리 생활을 한다. 수컷과 암컷 그리고 새끼들이 떼지어 생활한다. 여기에는 최고의 우두머리 수컷이 있다. 가장 힘센 녀석이 당연 대장이다. 대장 수컷은 무리의 암컷을 독점한다. 하지만 평생 보장이 되는 건 아니다. 호시탐탐 기회를 노리는 젊은 수컷이 있기 때문이다. 기회를 노리던 젊은 하마가 느닷없이 늙은 하마의 꼬리를 물어뜯는다. 순식간에 벌어진 일이다. 미처 공격을 피하지 못한 늙은 대장은 젊은 수컷 앞에 납작 엎드려 항복한다. 젊은 수컷은 대장의 등 위에 올라타 승리자임을 과시한다. 그리고 똥을 누어 영역을 표시한다. 새로운 대장의 탄생을 알리는 것이다. 늙은 제왕은 꼬리와 함께 암컷들을 잃고 영역을 떠난다.

에티오피아 목초지의 높은 산에 사는 겔라다개코원숭이는 평소 서로의 털을 골라주며 화목을 과시한다. 수컷 대장은 수백 마리의 암컷을 거느리는데, 도전자 무리가 나타나면 위협적으로 윗입술을 뒤집으며 경고한다. 이 원숭이 무리들이 조직의 우두머리에게 떼로 도전하는 모습은 마치 조직 폭력배 같다. 우두머리의 경고에도 젊고 패기 넘치는 무리가 도전을 감행하면 그들과 맞서 싸운다. 노쇠한 우두머리가 패하고 젊은 수컷이 왕좌에 오르면 그는 암컷들과 바로 섹스를 한다. 왕좌에서 밀려난 늙은 수컷은 무리 안에서 새끼들을 돌보며 굴욕을 견딘다. 어제까지만 해도 자신의 파트너였던 암컷들이 새로운 수컷과 태연하게 짝짓기를 하는 모습을 곁눈질로 봐야 하는 늙은 수컷의 심정이란!

희한한 것은 새 수컷이 우두머리가 되면, 옛 대장 수컷의 씨를 받아 임신하고 있던 암컷들이 자연유산을 해버린다는 사실이다. 이는 미국 미시간주립대 연구진이 에티오피아 시미엔산 국립공원에 사는 21개 야생 겔라다개코원숭이 집단의 암컷 110마리를 관찰한 결과다. 암컷들은 새 수컷이 집권한 그날 대부분 유산했고, 2주 안에 임신했던 열 마리 중 여덟 마리가 유산한 것이다. 새 수컷이 오자마자 유산한 암컷들은 다시 임신하게 되고, 7~12개월 사이에 출산이 두 배로 늘어나는 것으로 나타났다. 어떻게 새 수컷 대장이 등장하자마자 한꺼번에 유산을 하는지 명확한 이유를 밝히지 못했다. 생쥐실험에서 새 수컷이 내뿜는 화학신호를 포착한 암컷이 저절로 유산하는 것과 비슷한 메카니즘이 아닌지 추측된다.

우리가 치킨으로 먹어대는 닭은 새벽마다 운다. 닭 모가지를 비틀어도 새벽은 온다. 닭이 새벽에 우는 것은 어제 오늘의 일이 아니다. 그런데 새벽에 우는 놈은 수컷이다. 암탉이 울면 집안이 망한다는 말은 여자가 나서면 집안 꼴이 안 된다는 뜻도 있지만, 그보다 암탉이 우는 것 자체가 이치에 맞지 않다는 뜻이다.

수탉이 새벽에 울어대는 것은 영역을 선포하는 것이다. 여기가 내 구역이니 다른 수컷들은 얼씬도 하지 마라는 뜻이다. 수탉은 한꺼번에 여러 마리의 암탉을 독점한다. 다른 수컷이 무리에 들어오면 가차 없이 공격당한다. 싸움을 통해 서열을 정해 가장 힘센 대장 수컷이 암탉들을 모두 차지해 먹이가 많은 곳을 독점하게 된다. 섹스와 먹이를 동시에 확보하는 것이다. 거의 모든 수컷은 저희들끼리 싸운다. 같은 종족 수컷끼리 싸우는 이유는 딱 두 가지다. 섹스와 먹이. 암컷과 먹이를 차지하기 위해 목숨을 걸고 싸우는 것이다.

모든 생명체의 사명은 종족을 퍼트리는 것이다. 먹는 것도 사실은 씨를 퍼뜨리기 위해서다. 매미가 7년간 땅속에서 지내다 여름 한 철 세상으로 나오자마자 목 놓아 우는 것도 교미 한번 하자고 그러는 것이고, 모기가 목숨 걸고 사람의 피를 빠는 것도 번식을 위해서다. 인간도 기실 그와 다르지 않다. 자손을 퍼트리기 위해 태어났다고 해도 과언이 아니다. 타고난 역사적 사명이란 바로 자신의 유전자를 잇는 것이다.

남자도 기린이나 양 혹은 원숭이처럼 좋은 배우자를 얻기 위해 싸운다. 그렇다고 결투를 하거나 대놓고 총질을 하지는 않는다. 사회적 명성이나 권력, 돈을 놓고 싸운다. 명성이나 권력도 매력적이지만 역시 요즘은 돈이 대세다. 돈과 명성, 권력을 두루 갖추면 금상첨화다. 하지만 이 셋이 세트로 움직이지는 않는다. 전통적 개념으로 돈이 곧 권력은 아니었다. 돈은 많지만 명성이나 권력이 보잘것없을 수도 있다. 요즘은 돈이 힘이고 권력이다. 돈만 있으면 권력 따위는 상관없다는 세상이 온 것이다.

늙으면 사랑을 얻을 가능성이 엄청나게 낮아진다. 소설로 나와 영화로도 만들어진 〈은교〉에서처럼 늙은 남자가 젊은 여성을 사랑하는 것 자체가 비극이다. 이런 이야기는 이미 오래전부터 문학작품으로, 철학적 주제로 무수히 다뤄져왔다. 늙은 남자의 사랑이 새삼스러운 이야기가 아닌 것이다. 이런 사랑에 대한 해법이 영 없는 것은 아니다. 돈이 있으면 사랑할 수 있고, 사랑받을 수 있다는 것. 바로 그것이다. 백발이 성성하고 얼굴 가죽이 자글거려도 돈만 있으면 사랑받을 수 있다.

젊은이는 말할 것도 없다. 남자가 배우자로서 갖춰야 할 덕목 중 가장 앞서는 것 역시 돈이다. 사랑 없이 살아도 돈 없이는 못 사는 게 요즘 여자들의 본심이다. 그래, 돈 없는 총각이 결혼을 생각하는 것 자체가 언감생심이다.

결혼은 냉정한 계약관계이고, 거래가 이뤄지는 시장이다. 남녀가 성장해 결혼을 마음먹는 순간, 상품이 된다. 여성운동가들은 미스코리아가 수영복 차림으로 남성의 눈을 즐겁게 하는 짓이 성을 상품화하는 것이라며 극렬하게 반대하기도 한다. 그 정도는 약과다. 진심으로 사랑해서거나 보통 사람 이상의 도덕적 가치를 지닌 일부의 사람을 제외하면, 십중팔구는 결혼하면서 자신을 상품화한다.

성적 능력은 당연하고 학력과 명성, 돈은 좋은 상품이 되기 위한 조건이다. 그들은 이것들을 갖추기 위해 어려서부터 엄청난 투자를 한다. 여성은 아름다움을 자신의 상품가치를 높이기 위한 필수 항목으로 여겨, 얼굴은 말할 것도 없고 전신성형도 마다하지 않는다. 성형미인이 미스코리아가 되는 세상에 평생 잘 먹고 잘살 수 있는 기회인 결혼을 위한 것인데 까짓 성형은 기본이다.

결혼이라는 시장에 나서는 순간 남녀는 자신이 상품으로서 어느 정도 가치인지 잘 안다. 출신 학교, 부모의 직업과 배경, 자신의 직업과 돈 등 여러 항목을 고려하면 바로 정답이 나온다. 그리하여 분수에 맞는 상품을 골라 맞교환하는 것이다. 상품이란 곧 교환가치를 갖는 것이니까. 어찌 보면 결혼은 매우 정직한 거래다.

결혼이 상품을 교환하는 시장이란 소리에 펄쩍 뛰는 사람도 있을 것이다. 하지만 사실이다. 결혼정보회사들이 성업 중인 것이 바로 그 증거다. 결혼정보회사의 정보란 게 남녀 배우자 후보의 가치를 점수로 매겨 등급을 정한 것이다. 어마어마한 고급 상품부터 시장 바닥에 내놓아봤자 눈길조차 받지 못할 저질 상품까지 서열이 매겨지는 것이다.

그래서 고급은 고급끼리 저질은 저질끼리, 상품과 상품이 서로 교환되는 것이 바로 결혼이다. 결혼의 필수 덕목이 사랑이니, 배려니 하는 것들은 개 풀 뜯는 소리다. 결혼 후 상품에 하자가 있다는 걸 뒤늦게 발견하거나 상품으로서 가치가 떨어지는 순간 바로 우지끈 쿵 쾅 하고 박살이 난다. 명품이 짝퉁 되는 순간 그들의 인연도 끝이다. 특히 남자라면 돈을 못 버는 순간이 바로 그때다. 프랑스 문필가 앙드레 모루아는 저서《나이 드는 기술》에서 이렇게 표현했다.

> 늙은 늑대가 존경받는 것은 먹이를 뒤쫓아가서 그것을 죽일 수 있는 동안뿐이다. 키플링은《정글북》에서 나이 들고 힘도 없어진 늙은 늑대를 따라 적과 싸우지 않으면 안 되는 젊은 늑대들의 분노를 그리고 있다. 이 늙은 늑대 아케라가 노루를 잡으려다가 실패한 날이 최후의 날이었다. 이가 빠진 이 늙은 늑대가 무리에서 떨어져나가자 한 마리의 젊은 늑대가 사정없이 그를 물어 죽인다.

남자가 존경받는 것은 돈을 벌어오는 동안 뿐이다.

결혼, 사랑에 속고 돈에 울고

영화 〈돈의 맛〉을 보면 '과연 돈이 무엇인가'를 생각하게 된다. 진리가 너희를 자유케 하리라는 성경 말씀 속 그 진리가 다름 아닌 돈이라 믿는 사람도 있는 세상이다. 하지만 〈돈의 맛〉을 보면, 돈이야말로 우리들을 자유롭게 한다는 그 확고한 믿음에 살짝 금이 간다. 돈을 보고 결혼했다가 그 돈 때문에 자신의 삶이 모욕당했다고 울부짖는 윤 회장(백윤식)을 보고 있노라면, 그럴 만도 하겠다 싶다. 하지만 그보다는 돈의 맛을 알지만 사랑받지도 사랑하지도 못해 쓸쓸했던 윤 회장의 심정에 공감한 것이다. 이 영화는 개봉을 앞두고 중견배우 윤여정의 정사신으로 요란을 떨었지만 그건 아무것도 아니었다. 젊은 남자 배우가 나이 든 사모님 위에서 낑낑대며 땀을 쏟는 장면은 전혀 에로틱하지 않았다. 그야말로 돈과 권력, 그것에서 비롯되는 모욕감을 전해줄 뿐이었다.

돈에 모욕감을 느낀 윤 회장의 상처받은 영혼이 위안을 얻는 것은 필리핀 가사도우미 에바였다. 에바는 필리핀에 어린 자식들을 두고 돈을 벌러 온 미망인이다. 그런 그녀에게 그는 몸과 마음을 모두 빼앗긴다. 식구와 둘러앉은 식탁에서 에바의 엉덩이를 탐하는 그의 은밀한 손길은 음탕하지만, 그녀에 대한 마음은 진심이다. 돈을 보고 결혼한 재벌가의 딸, 아내(윤

여정)에게 모욕을 얻는다면 에바에게는 진심어린 사랑과 위안을 얻는다. 돈을 포기하고 에바와 함께 필리핀으로 가려 하지만, '돈의 맛'을 아는 그의 아내가 방해한다. 결국 에바는 살해되고 그녀의 시신이 떠 있는 수영장에서 그는 오열한다. 그때 그가 노래한 것은 슈베르트의 〈휴식〉이다.

결혼도 해 보고 자식도 낳아 길러 본, 노쇠함의 그림자가 어른거리기 시작하는 남자들은 안다. 영화 속 윤 회장의 심정을. 재벌의 검은돈을 관리하며 돈을 펑펑 쓰지만 그것이 결코 행복하지 않다고 고백하는 윤 회장의 심정이 아니라, 에바를 사랑하는 그 마음을 말이다.

영화 속 그처럼 돈의 맛을 제대로 본 적이 없는 그렇고 그런, 그야말로 별 볼 일 없는 남자들로선 '저 포도는 시어서 못 먹을 거야.'하고 위안하며 돌아서는 간교한 여우의 심정일 수도 있다. 젊을 때는 아름다운 여자를 찾는다. 파란 눈에 금발의 팔등신 미녀가 눈앞에 어른거리고 그런 미인과의 섹스를 꿈꾼다. 당연하다. 금발과 팔등신 몸매는 좋은 유전자를 얻기 위한 진화론적 전략이다. 그런 여성이 젊은 남성들의 눈에 잘 띄고 섹스하고픈 욕망을 불러일으키는것은 자연의 섭리다.

결혼하고 살아보면 육체적 매력도 별것 아니라는 걸 알게 된다. 눈부시게 아름다운 미녀스타와 결혼한 남자 중 제 아내를 두고 딴짓을 하는 인간이 수두룩하다. 평범한 남자들이 보기에는 이상하다. 세상 남자들의 부러움을 사고 미녀와 결혼한 남자가 딴 여자와 눈이 맞거나 심지어 술집 여성에 빠져들기도 한다. 미인 아내를 두고 딴짓까지 하는 팔자 좋은 남자라고 말할 수 있지만 당사자의 마음은 들판에 홀로 선 나무처럼 허허롭다.

젊고 힘 있을 때는 여행을 가도 유럽이나 미국 같은 곳을 택한다. 볼 것도 많고 무엇보다 미녀가 많기 때문이다. 여성도 마찬가지다. 잘생긴 남자가 수두룩하고 맛있는 것도 많고 무엇보다 명품의 본고장에서 쇼핑을 할 수 있으니 선택의 여지가 없다. 미국이나 유럽에서는 남자로서 전혀 경쟁력을 갖지 못한다는 사실을 깨달은 중년 남성들은 동남아로 눈을 돌리기 시작한다. 유럽이나 미국은 비행시간이 너무 길어 그 지겨움을 견디기 힘들고 육체적으로도 감당하기 어렵다는 이유를 댄다. 그도 무시 못할 요인이지만 진심은 따로 있다. 동남아로 가면 무엇보다 노쇠의 기미가 보이는 몸과 마음을 가지고도 경쟁력이 있다는 걸 실감할 수 있기 때문이다.

대한민국에서 중년 남자는 찬밥 신세다. 거리에는 아름다운 여성들이 몰려다니지만, 중년 남자와 아무런 상관이 없다. 그녀들이 중년의 남성에게 눈길을 줄 리 만무하고, 중년인 그가 눈길을 잘못 주거나 혀를 잘못 놀렸다가 신세를 망칠 수 있다. 직장을 잃고 그나마 빌붙어 사는 집에서도 쫓겨날 수 있다. 그런 그가 미국이나 유럽에서 무슨 위안을 받고 무슨 즐거움을 찾을 수 있을까. 안에서 새는 쪽박, 밖에서는 더 샌다.

이런 한심한 대한민국 중년 남자들이 동남아로 가면 사정이 달라진다. 젊은 여성들이 미소로 대해주니 조국에서 받았던 설움이 눈 녹듯 사라진다. 청춘에 꿈꾸었던 금발의 팔등신 미녀가 아니더라도 그 눈길과 미소에 상처받은 영혼이 홀라당 감동을 받는 것이다. 아내로부터 돈을 많이 벌어오지 않는다며 푸대접 받고 살아온 인생이라면, 그들에게 동남아 여인들은 천사다, 천사! 그러니 에바가 죽자 스스로 목숨을 끊는 윤 회장의 심정을 이해하고도 남는 것이다.

중국이나 몽골, 동남아 여성과 가정을 이룬 농어촌 남성이 많다. 그들이 외국인 여성들과 결혼할 수밖에 없는 이유는 한국 여성들이 그들과 결혼하기 싫어하기 때문이다. 그렇다면 다문화 가정을 이루고 사는 남성들은 결혼시장에서 밀려난 루저들인가? 결론은 'No'다. 언어와 풍속이 달라 적응에 어려움을 겪기도 하지만 행복하게 잘 살아가는 이도 많다. 힘든 농사일을 같이하면서도 싫은 내색 하지 않고 묵묵히 살림을 꾸려나가기도 하고 시부모와 한 지붕 아래 살면서 고부갈등이니 뭐니 하는 소리도 하지 않는다. 남편이 돈을 좀 적게 벌더라도 그걸 원망하기보다 그래도 내 남편이라며 따뜻하게 맞아주고 대접한다.

말이 안 통한다고 하지만, 마음이 통하면 그만이다. 말이 통해도 마음이 통하지 않으면 아무 소용 없다. 무수히 많은 말을 주고받으면서도 죽기 살기로 싸운다. 고부갈등은 말이 안 통해 생기는 게 아니다. 마음이 안 통해 생기는 것이다. 같은 한국 사람끼리 살면서 마음이 맞지 않아 매일 다투고 천덕꾸러기 신세로 살아가는 남자들은 말은 잘 안 통해도 마음이 잘 통하는 외국인 아내와 사는 그들이 오히려 부러운 것이다. 그래서 중년 남성들이 알뜰살뜰 돈 모아 동남아로 가고, 거기서 잃어버린 수컷의 자존심도 찾고 상처받은 영혼에 연고를 듬뿍 바르고 오는 것이다.

남편의 조건
아내의 조건

중년의 남자가 말했다. "결혼이란 딱 한 가지만 보고 하는 거야." 여자에게 장점 하나만 있으면 그것은 결혼 상대로 충분하다는 뜻이다. 마음씨가 좋거나, 인물이 좋거나, 집안이 좋거나, 머리가 좋거나 뭐가 됐든 장점 하나만 있으면 된다는 말이다. 이 말을 들은 총각들은 '과연 그런가 보다!' 하고 고개를 끄덕인다. 살아본 사람들은 안다. 살아보니 힘들고 헤어질까 생각도 해보았지만 그게 말처럼 쉽지 않았고, '그래, 우리 마누라가 저거 하나는 잘해.' 하면서 스스로 위안하면서 살고 있다는 것을.

그는 자신의 처지를 합리화하면서 마치 큰 깨달음을 얻은 것처럼 멋모르는 청춘들을 상대로 허세를 부린 것이다. 결혼할 때는 남녀 모두 상대를 최고로 생각한다. 물론 그것이 얼마나 큰 착각이었는지 금방 깨닫지만 웨딩마치를 울리는 그 순간까지 콩깍지는 벗겨지지 않는다. 콩깍지가 훌러덩 벗겨지면 '아, 속았구나' 하며 가슴을 친다. 어리석은 자신을 원망하고 세상을 원망한다. 상대에게 거침없이 하이킥을 날리고 날 선 말을 퍼붓는다. 방황하면서 옛 시절을 그리워한다. 그럼에도 결단을 내리지 못하고 시간은 흘러간다. 아이가 태어나고 펄펄 끓던 피가 식을 즈음, 문득 그 말이 생각난다. 그리고 자신 역시 그렇게 살고 있다는 것을 알게 된다.

"결혼이란 딱 한 가지만 보고 하는 거야." 그 '딱 한 가지'는 무엇일까.

1) 밥을 잘 차려준다. 심지어 보약까지 챙겨준다.
2) 시부모에게 잘한다. 심지어 친정보다 시댁 식구를 더 귀하게 여긴다.
3) 잠자리가 좋다. 너무 좋아, 남자가 딴짓할 생각조차 품지 못한다.
4) 자식들 교육을 잘 시킨다.
5) 그럴듯한 직업을 가지고 있다.
6) 살림살이를 잘해 집 안이 반들반들 윤이 흐른다.
7) 다른 남편과 비교하지 않는다.
8) 돈을 적게 벌어온다고 타박하지 않는다.
9) 쉬는 날에는 무조건 쉬게 해준다.
10) 번갈아 가며 운전을 한다.

10번까지 오는 것도 숨차다. 이 모든 것을 갖춘 완벽한 아내도 분명 있을 것이다. 과연 그럴까 싶지만 제 아내가 이렇다고 말하는 인간이 분명 있다. 하지만 많은 남자는 이 중 하나도 해당되는 것이 없다고 말한다. "그럼 왜 함께 사는데?" 하고 물으면, 이렇게 말한다. "자식 보고 사는 거지." 이게 뭐야, 자식 보고 산다니! 그럼 그 자식들은 과연 그 아비가 보고 살 만큼 가치 있는 존재들일까? "가치보다는, 아비된 도리로 자식들에게 상처주면 안 되니까, 아비로서 역할을 다 해야지. 마누라는 다음 문제고." 남자들은 이렇게 말한다. 말하면서, 공허하다. 예전에는 남편이 속 썩이면 아내가 이를 악물고 견뎌냈다. 자식 때문에 산다고 했다. 자식들 생각하는 그 마음도 마음이지만, 그 시절에는 여자 혼자 먹고 살기가 힘들었다.

고통을 당하면서도 자식 핑계 삼아 그렇게 살았던 것이다. 그렇다고 그 모성이 불순했다는 것은 아니다. 세상에 모성만큼 아름답고 위대한 것은 없다. 만고불변의 진리다.

요즘은 세상이 달라졌다. 지지리 남편한테 고통받으면서도, 자식 위한답시고 함께 사는 여자는 흔치 않다. 멍텅구리 남편은 뻥 차버리는 게 낫다. 못난 남편 대신 좋은 남편 만날 기회도 많고, 굶어 죽지 않을 만큼 능력도 있다. 자식 때문에 참고 산다는 말, 요즘 여자들한테는 턱도 없는 소리다. 자식들 때문에 사는 게 아니라, 자기 힘으로 얼마든지 자식들 데리고 살 수 있다는 자신감이 있는 것이다. 이혼율이 높아지는 것 역시 그런 맥락이다.

반대로 남자들은 능력이 없거나 허튼짓을 하면 바로 아웃될 수 있다. 여자는 결코 기다려주지도, 참아주지도 않는다. "구박받기 싫으면 네가 나가."라고 하지, "못 살겠으니, 내가 나가겠다."는 여자는 없다. 그러니 남자는 눈치껏, 구박받으면서도 자식들 핑계 대고 그렇게 비굴하게 사는 것이다. 아무리 쓸어도 쓸려나가지 않는 젖은 낙엽처럼 딱 들러붙어, 있는 듯 없는 듯 그렇게 사는 것이다. 그런 마당에 어떻게 아내의 자격을 운운할 수 있겠는가. 그럼 이 시대 남편의 자격은 무엇일까.

1) 아내를 여왕으로 모신다.
2) 친정 부모를 황제로 모신다.
3) 집안일을 도와준다. 음식물쓰레기는 무조건 남편 몫이다.
4) 운전은 무조건 도맡아 한다.

5) 아내의 생일을 챙긴다.

6) 친정 식구의 생일을 챙긴다.

7) 결혼기념일에는 이벤트를 기획한다.

8) 잠자리에선 바로 받들어 총 자세를 견지한다.

9) 잠자리 후 바로 곯아떨어지지 않는다.

10) 로맨틱한 분위기를 연출한다.

11) 맛있는 외식을 제공한다.

12) 꽃을 사다 바친다.

13) 멋진 춤을 출 줄 안다.

14) 무거운 짐을 든다. 심지어 손바닥만한 핸드백도 들어준다.

15) 아이의 공부에 관심을 가진다.

16) 시도 때도 없이 칭찬을 한다.

17) TV 속 예쁜 여자보다 아내가 예쁘다고 말한다.

18) 풍광이 멋진 곳으로 드라이브를 간다.

19) 근사한 해변으로 캠핑을 간다.

20) 쇼핑을 함께 한다.

남편의 조건은 아내의 조건보다 두 배 많다. 그런데 이 모든 것을 다 갖춘 완벽남도 이것 없으면 헛방이다. 돈이다. 돈 없으면, 이 모든 게 허망하다. 다 없어도 돈이 있으면 용서가 된다. 용서 아니라 존경도 받을 수도 있다. 먼저 돈을 갖춘 다음, 이런 것들이 조건으로 용납되는 것이다. 사람 나고 돈 났다고 아무리 떠들어봤자 그녀들은 돈 나고 사람 났다고 생각한다. 사랑 없이 살아도 돈 없이는 못 산다. 여자들이 지배하는 세상은 그런 것이다.

공짜섹스는 없다

세상 모든 생물이 섹스를 하고 번식을 한다. 암컷과 수컷이 구애의 행동을 하고 함께 집을 짓고 짝짓기를 해 새끼를 낳아 기른다. 하지만 어떤 생물도 인간처럼 결혼하지는 않는다. 숲 속에서 동물들이 모여 결혼식을 치르는 것은 만화에서나 볼 수 있는 풍경이다. 동물들은 그저 자연스럽게 번식 과정을 거칠 뿐이다.

인간들이 결혼식을 치르는 것은 이제부터 이 남자와 이 여자는 임자가 있는 몸이니 함부로 넘보지 말라 세상에 공표하는 것이다. 품절남, 품절녀라는 사실을 세상에 확인시켜주는 것이다. 이것을 통해 부부는 서로에 대해 성적으로 독점적 권리를 행사할 수 있고 그에 따른 의무도 져야 한다.

결혼식장에서 웨딩마치가 울리고 신부가 입장하는 순간 신랑은 '이제 무한정 섹스를 할 수 있겠구나!' 하며 입이 귀에 걸린다. 남자의 눈에 콩깍지가 씐다는 것은 섹스를 하고 싶다는 열망에 사로잡혀 사리판단을 제대로 하지 못한다는 뜻이다. 그래서 결혼하면 그토록 갖고 싶었던 그녀를 마음껏 취할 수 있다는 생각에 황홀해하는 것이다. 하지만 결혼 후 어느 순간 내 아내라고 내 마음대로 섹스를 할 수 있는 게 아니라는 걸 깨닫게 된다. 무한리필되는 뷔페처럼 욕망이 솟구칠 때마다 언제고 주저없이 섹스를 할 수 있으리라 생각했던 것이 얼마나 잘못된 것인지 알게 된다.

모든 생물은 섹스를 한다. 하지만 공짜섹스는 없다. 심지어 우리가 미물이라고 부르는 하찮은 생물들조차 공짜로 섹스를 하지 않는다. 긴꼬리춤파리 수컷은 해지기 한 시간 전, 맛있는 하루살이를 잡아 가장 멋진 암컷에게 갖다 바친다. 열대바퀴벌레 제스토블라타 하마타 암컷은 섹스가 끝나면 수컷이 만들어준 항문 분비물을 맛있게 먹어치운다. 피사우라 미라빌리스라는 거미 수컷은 실크로 먹이를 촘촘히 감아 암컷에게 선물하고 딱 한 번의 섹스 기회를 얻는다. 풍선파리 수컷은 섹스 중 갖고 놀 수 있는 커다란 흰 실크공을 파트너에게 선물한다. 거짓으로 선물을 만들어 바친 다음 섹스를 하는 야비한 것들도 있다. 사기꾼은 동물의 세계에도 있다.

사마귀는 자신의 몸이 섹스의 대가다. 수컷이 섹스의 황홀경에 빠져 있을 때 암컷은 수컷의 머리통부터 우적우적 씹어 먹기 시작한다. 황홀경에 빠진 수컷은 제 몸이 박살나고 있다는 사실조차 깨닫지 못한다. 아니면 머리통이 박살나는 그 순간 엄청난 쾌감을 느끼는지도 모른다. 좋은 선물을 준비한 수컷일수록 좋은 상대를 얻을 가능성이 높아진다. 선물을 정성들여 준비한 만큼 파트너를 신중히 선택해야 한다. 죽을 고생해 최고의 선물을 만들어도 한 번의 교미로 끝나는 수가 많기 때문이다. 냉정한 거래다.

원숭이도 성관계를 맺기 위해 암컷에게 대가를 치른다는 연구 결과가 있다. 싱가포르 난양공대의 마이클 거머트 박사 연구팀이 "원숭이 세계에서도 성관계를 목적으로 하는 시장이 형성된다"고 발표했다. 인도네시아의 칼리만탄텡가 주 원숭이의 생활을 20개월간 관찰한 결과, 수컷 원숭이가 성관계를 갖기 위해 암컷의 털을 정돈하고 벌레를 잡아주는 털 관리를 자처한다는 것을 밝혀냈다는 것이다.

수컷 원숭이의 털 관리를 성관계의 대가로 본 이유는 털 관리 시간이 암컷의 수에 따라 결정되기 때문이다. 무리에 암컷 원숭이의 수가 충분할 때 수컷들은 8분 정도 관리를 해주고 성관계를 가질 수 있었지만, 암컷의 수가 적을 때는 16분 이상 정성스레 관리해야 목적을 이룰 수 있었다. 프랑스 스트라스부르 대학의 로날드 노에 박사는 성관계에 대한 대가를 계산하는 것은 유인원에서부터 찾을 수 있는 인간의 본성이라고 말했다.

인간에게 발정기가 사라진 것은 직립보행, 즉 두 발로 걷게 된 데서 연유한다는 학설이 있다. 원래는 인간도 짐승처럼 네 발로 기어다녔다. 숲 속에서 평야로 나온 인간들은 사나운 적들이 있는지 살피거나 높은 곳의 열매를 따기 위해 두 발로 서야 했다. 두 발로 서거나 걷는 것이 생존에 훨씬 유리하다는 걸 깨달은 인간은 본격적으로 직립보행을 하게 되었고, 이 때문에 두 팔과 손이 자유로워져 도구를 만들고 불을 발명하게 되었다.

직립은 인간의 성생활 패턴마저 바꿨다. 짐승처럼 후배위밖에 모르던 인간들이 자유자재로 자세를 바꿔가며 섹스를 하게 된 것이다. 동물 중 거의 유일하게 서로 마주보며 섹스를 할 수 있고, 끌어안고 입을 맞추거나 숨결을 느낄 수 있게 됐다. 자유로워진 손은 서로의 몸 구석구석을 쓰다

듣고 어루만지고 주물럭거리며 성감을 자극할 수 있었고, 그에 따라 조상들이 상상하지 못했던 엄청난 섹스의 즐거움을 만끽할 수 있게 됐다. 생식의 섹스에서 오르가즘의 섹스로 발전한 것이다.

직립보행을 하면서 인간의 골반이 좁아지기 시작했다. 좁아진 골반은 아이를 낳기 치명적이었다. 인간은 배 속의 아이가 덜 성숙한 채 낳도록 진화했다. 아이가 미숙한 채 태어나기 때문에 자립하려면 아주 긴 시간이 필요했고, 이 기간 동안 먹이와 보살핌은 절대적으로 남성에게 의존할 수밖에 없었다. 여성은 늘 불안했다. 아이가 자립하기 전에 남자가 나 몰라라 하거나 다른 여자에게 눈길을 빼앗길까 봐 걱정이 되었던 것이다. 그래서 꾀를 내기 시작했다. 남자들이 언제든지 섹스의 즐거움을 느낄 수 있도록 발정기를 없앤 것이다. 집으로 돌아가면 언제든 마음껏 섹스를 즐길 수 있다는 생각에 남자들은 부양자로서의 역할을 수행해나갈 수 있었다.

일부일처제, 즉 한 남자와 한 여자가 한 가정을 이루는 풍습이 이렇게 생겨난 것이다. 일부일처제를 잘 유지하기 위해 여자들은 발정기 없는 연중무휴 섹스 서비스를 더욱 강화할 필요가 있었다. 남자들은 여자들의 그 뿌리칠 수 없는 유혹에 순순히 넘어가 남편으로서, 아버지로서의 역할을 묵묵히 잘해냈다. 여자에게 섹스란, 남자가 부양자로서 역할을 제대로 수행했을 때 대가로 제공하는 일종의 전략적 무기인 셈이다. 일본 작가 무라카미 류는, '남자는 소모품, 여자는 전리품'이라 했다. 남자라는 존재는 전쟁이 나면 바로 끌려가 총알받이가 돼야 하고, 가족을 위해 죽도록 일하다가 늙어 힘 빠지면 바로 폐기되고 마는 소모품이며, 여자란 싸워 이긴 놈이 차지하는 전리품이라는 것이다. IMF 때 수많은 가정이 쪼개졌다. 절박한 사정이 있기도 했지만 남자의 경제적 능력 상실이 결정적 이유였다. 돈벌이가 제대로 되지 않는 순간 남편으로서의 자격도 자동 소멸됐다는 뜻이다. 쓸모가 없어지면 버려지는 것이 소모품의 운명인 것이다.

돈을 못 벌어오는 '얼간이'라도 침대에서 끝내주는 '짐승'이라면 아내로부터 사랑받을 수 있다고 주장하는 진짜 얼간이들이 있다. 이건 말도 안 되는 소리다. 제아무리 짐승이어도 돈 못 버는 얼간이가 되는 순간, 짐승으로서의 실력을 뽐낼 기회조차 갖지 못한다. 부부란 기실 엄격한 계약관계다. 각자 주어진 역할을 제대로 해내지 못하면 권리도 당연히 사라진다. 남편은 돈을 벌어야 하고 아내는 그 대가로 남편을 받아들인다. 여자에게 섹스는 남자의 역할에 대한 대가일 뿐이다. 해서 돈 못 벌어오는 남자는 꿀맛을 볼 자격이 없는 것이다!

우리가 닭대가리라고 흉을 보지만, 수탉은 결코 어리석지 않다. 하루도 빠지지 않고 암컷들을 챙기고 교미를 한다. 어느 암컷도 소홀히 하지 않고 골고루 사랑을 나누어준다. 미국의 제30대 대통령 캘빈 쿨리지 부부가 중서부의 어느 농장을 방문한 적이 있다. 양계장 앞을 지나면서 영부인 그레이스가 농장주에게 물었다. "닭은 하루에 몇 번 교미를 하나요?" "열두 번도 더 하죠." 그레이스가 농장주에게 훗훗 웃으며 말했다. "대통령에게 꼭 그 얘기를 전해주세요." 이번에는 대통령이 농장주에게 물었다. "수탉은 매번 같은 암탉과 교미합니까?" 농장주가 대답했다. "천만에요. 수탉은 결코 같은 암탉과 교미하는 법이 없습니다." 대통령이 말했다. "내 아내에게 그 얘기를 꼭 전해주겠소?"

실제 있었던 이야기인지는 분명하지 않으나 생물학에서 수컷이 여러 암컷과 교미하기를 원하고 암컷이 바뀔수록 더 강한 자극을 얻는 것을 '수탉 효과' 혹은 '쿨리지 효과'라고 하는 걸 보면 전혀 근거가 없다고 할 수 없겠다. 실제로 수탉은 대단히 정력적인 동물이다. 한번 짝짓기를 하면 60번 교미할 수 있다. 하지만 같은 암탉과 하루 다섯 번 이상 교미하지는 않는다. 여섯 번째가 되면 아예 발기가 되지 않는다. 새로운 암탉이 등장하면 바로 그놈이 우두둑 하고 되살아난다.

황소는 대개 암소와 일곱 번 정도 교접하면 흥미를 잃어버린다. 새로운 암컷이 나타나면 다시 의욕을 불사른다. 열 번째 새로운 암컷까지 원기를 회복한다. 숫양도 암컷과 다섯 차례 정도 교미를 하면 정념의 불꽃이 사라진다. 그러나 새로운 암컷이 등장하면 바로 콧김을 내뿜는다. 이런 현상은 여러 마리의 암컷에게 씨를 뿌려 종족을 보존하려는 자연의 이치다.

같은 아내인데도 전혀 다른 느낌의 란제리를 입거나 분위기를 달리하면 남편의 욕망이 마구 치솟는다는 사실이 쿨리지 효과의 또 다른 증거이다. 남성의 경우도 평소와 다른 모습으로 아내에게 접근하면 아내가 흥분하게 된다는 것 역시 쿨리지 효과다. 하지만 돈도 제대로 못 버는 주제에 그런 짓을 했다가는 머리통이 박살날 수도 있다. 쿨리지 효과는 어디까지나 남성이 제 역할을 잘할 때만 유지된다.

나는 세상에서 아내가 제일 두렵다

영웅호색(英雄好色). 영웅은 여색을 좋아한다는 뜻인데, 크게 성공한 남성들의 고환이 크다는 주장도 있다. 위인 중 상당수 남성들은 고환이 크고 남성호르몬인 테스토스테론 분비가 왕성했다고 한다. 성생활도 잦았고 권력과 명성, 돈과 지위를 이용해 미인을 가질 기회도 많았다.

그리스 선박왕 오나시스는 초호화 요트 크리스트나호를 가지고 있었다. 길이가 100미터나 되는 이 요트는 호위함을 개조한 범선으로, 승무원만 60명에 달했고, 대리석 욕실에는 금으로 만든 설비들이 번쩍였으며 값을 매길 수 없을 정도로 진귀한 동서양의 예술품들이 넘쳐났다.

더 이상의 럭셔리는 없다고 해도 과언이 아니었을 이 요트를 더욱 빛나게 한 건 이 요트를 거쳐간 미인들이었다. 케네디 대통령의 미망인이었다가 오나시스의 아내가 된 재클린도 이 요트에서 오나시스와 눈이 맞았고, 세계적인 오페라가수 마리아 칼라스도 이 요트에서 오나시스와 사랑을 나누었다. 세상 모든 여성을 잠재적인 정부로 여겼고, 돈이라면 여자들은 기꺼이 그 짓을 할 수 있다는 사실을 누구보다 잘 알고 있던 오나시스에게 이 요트는 그가 지배할 수 있었던 수많은 '작업공간' 중 하나였다.

남자들이 진시황제나 터키제국의 술탄들을 부러워하는 것은 아방궁에 미인들이 득실거렸고, 하렘에는 밸리댄스를 춰대는 섹시한 여성이 넘쳐났기 때문이다. 세종대왕 곁에도 미모의 궁녀들이 늘 대기하고 있었고, 미국 역대 대통령 중 가장 인기가 높았던 케네디도 마릴린 먼로에서부터 백악관 직원과 매춘부, 선거 운동원 그리고 이름 모를 낯선 여인들에 이르기까지 섹스라면 원 없이 하고 갔다. 케네디 때만 해도 언론이 시시콜콜 대통령의 사생활에 대해 언급하지 않았기 때문에 허리 밑 문제로 곤란을 겪지는 않았다. 그에 비해 백악관 인턴사원 르윈스키와의 부적절한 관계로 치명적 위기에 빠졌던 클린턴은 오히려 가련해 보이기까지 하다.

아무튼 남들보다 고환이 컸을 것으로 짐작되는 이 영웅들은 수컷으로 누릴 수 있는 최고의 행복을 누렸던 셈이다. 이런 생각도 한창 때 이야기다. 진시황제나 케네디의 무수한 미녀들은커녕 마누라 하나 상대하기도 벅찬 시기가 오고 만다. 돈이 있으면 늙어도 사랑을 할 수 있고, 미인들을 손에 넣을 수 있다고 생각한다. 숨이 넘어가는 순간까지 몸과 마음을 탱글탱글하게 유지할 수 있다고 믿는다. 하지만 눈앞의 현실이란! 남자란 돈이 없으면 기가 죽고, 기가 죽으면 그놈도 힘이 없고, 그놈이 고개를 숙이면 두려움이 엄습해오는 것이다. 반대로 돈이 있다고 해서 공포심에서 완전히 벗어날 수는 없다. 시간 앞에서 어느 남자 할 것 없이 노쇠해질 수밖에 없기 때문이다. 돈이 있고 없고는 자신감의 문제일 뿐, 모든 남자로 하여금 발기불능의 공포에서 완전히 벗어나게 할 수 없는 것이다. 발기불능의 공포심은 남자들로 하여금 늘 여자에게 만족을 주어야 한다고 생각하게 한다. 결혼 초기에는 때와 장소를 가리지 않고 서로를 탐하지만, 아이를 낳고 키우면서 세상 사는 일이 피곤해지면 언제 그런 일이 있었나 싶어진다. 하지만 창조주는 희한하게도 남자가 노쇠한 기미를 보일 즈음, 여성의 욕망을 최고점으로 치닫게 만들어놓았다.

남자가 돈을 제대로 못 벌면 섹스할 기회조차 갖기 어렵다. 남자가 제대로 돈을 못 벌거나 바깥에서 별 볼 일 없어 집안 분위기가 우울할 경우, 섹스에 대한 부부의 태도나 생각은 서로 달라진다. 남자들은 스트레스가 쌓일 경우 섹스를 통해 그것을 잊거나 털어버리려 한다. 기분이 우울하거나 극심한 스트레스로 고통받을 때 남자들은 섹스에 대한 충동을 더 느낀다. 섹스를 하고 나면 긴장이 풀리고 위안받은 느낌이 들기 때문이다.

여성은 정반대다. 당장 해결할 문제가 있을 경우 섹스에 대한 생각이 달아나버린다. 집안의 크고 작은 문제가 눈앞에 쌓여 있으면 그것부터 해결하고 싶어 한다. 골치 아픈 일이 잔뜩 있을 때 섹스를 하더라도 집중을 못한다. 여자는 동시에 여러 가지 일을 처리할 능력이 있지만 남자는 한 번에 한 가지밖에 못하기 때문이다. 뇌구조가 그렇게 생겨 먹었다. 별 볼 일 없는 남자가 위안받으려 섹스를 하면서 낑낑대는 동안 여자는 당장 무얼 먹고 살지, 다음 달에는 이 인간이 돈 좀 벌어오려나, 이런 생각을 한다.

그러고 보면 별 볼 일 없는 남편과의 섹스를 거부하는 아내의 심리가 영 이해가 되지 않는 것도 아니다. "아이 학원비도 없는 판에, 그 짓을 하고 싶어? 이 인간아!" 하고 소리치는 것이 어찌 보면 정상인 것이다. 그럼에도 별 볼 일 없는 남자는 "여자가 돈밖에 모르는 치사한 동물이어서 그렇다."며 섭섭해 하거나 복수할 날을 기다리기도 한다.

아무튼 큰돈은 못 벌어도 어지간히 제 역할을 하는 남자는 끊임없이 아내를 만족시켜야 한다. 묘한 역설이다. 차라리 돈을 못 벌어 동침할 기회조차 갖지 못하는 게 속 편한 게 아닌가 싶지만, 그게 꼭 그렇지도 않다. 섹스 자체가 싫을 정도로 스트레스를 받을 상황이 아니라면 아내의 성욕 역시 늘 샘물처럼 솟아오른다. 그걸 남편이 나 몰라라 할 수 없는 것이다. 적당히 돈도 벌고 아내도 만족시키고, 그래서 존재감을 인정받고 칭찬받고자 하는 욕구도 있기 때문에 남자는 또 힘을 내보는 것이다. 여자는 사랑받고 싶고, 남자는 인정받고 싶어 한다. 아내의 샤워소리는 자신의 존재감을 확인하는 고마운 소리이면서 제대로 일을 치르지 못해 망신당하고 쫓겨나지 않을까 걱정되기도 하는 기쁨과 두려움이 공존하는 동전의 양면 같은 것이다.

비아그라 제조사인 화이자가 27개국 25~74세 남성 6,291명, 여성 6,272명을 대상으로 성생활 만족도를 조사해 발표한 적이 있다. 이에 따르면 섹스가 인생에서 대단히 중요하다고 생각하기로는 브라질, 프랑스, 터키 남녀들이 92~98퍼센트로 최고였다. 한국인도 남자 91퍼센트, 여자 85퍼센트가 그렇게 생각하고 있었다. 하지만 "만족할 만한 성생활을 즐기고 있는가?"라는 질문에, 한국 남자 9퍼센트, 여자 7퍼센트만이 예스로 답했다. 인생에서 섹스가 매우 중요하다고는 생각하지만 정작 실제 성생활에선 엄청나게 좌절하고 있다는 증거다. 반면 브라질, 멕시코, 스페인 사람들은 53~78퍼센트가 매우 만족한다고 했다. '발기 강직도'에 대한 물음에 한국 남성들은 76퍼센트가 완전히 만족하지 못한다 했고, 여성들은 무려 85퍼센트가 '참을 수 없는 부실함'이라고 답했다. 한국 남성들은 스스로 제 것에 만족하지 못하고 있을 뿐 아니라 아내로부터도 조롱당하고 있는 셈이다.

영국의 콘돔회사 듀렉스에서 세계 14개국 성인 남녀 1만 명에게 섹스를 몇 번 하느냐고 물어보았더니, 프랑스는 일주일에 3회, 1년에 151회 정도 한다고 대답했다. 미국은 연간 148회로 2위, 14개국 평균은 연간 112회로 일주일에 두 번 이상은 하는 것으로 나타났다.

그렇다면 우리나라 사람들은? 어느 통계에 따르면 일주일에 2회 미만이 태반이다. 섹스리스 커플도 늘고 있는 추세다. 발기부전 치료제 레비트라 제조 판매사인 바이엘의 여성 성기능지수 연구 결과에 따르면 남성 파트너의 성능력에 따라 여성의 성생활 만족도가 달라졌다. 남성이 섹스를 잘하면 여성의 행복지수도 높아진다는 것이다. 이런 사실들을 종합하면 이렇다. 대한민국 남자들의 물건은 부실하기 짝이 없으며 그 사실을 남성 본인과 그 아내도 잘 알고 있다. 남자는 아내를 만족시키지 못할까 전전긍긍하고 그 때문에 아내와의 섹스를 두려워하고, 실제로 부부간 성관계 횟수와 질 모두 형편없이 낮은 것이다. 그러니 사는 게 재미없다는 소리가 나오는 것이다. 평균치가 그렇다고 하니, 중년의 대한민국 남자들의 속사정은 보나마나 한 게 아닌가!

남자에게 섹스는 고단한 경제활동의 대가로 주어지는 달콤한 보상이다.

그러나 마음 한구석에는 부실한 섹스 능력 때문에 파트너를 잃어버리지 않을까 하는 두려움이 웅크리고 있다. 다른 여자들과 섹스할 때는 천하무적 변강쇠인데, 아내 앞에만 서면 한없이 쪼그라드는 자신을 이해할 수 없다며 가슴을 치는 남자가 의외로 많다. 왜? 두렵기 때문이다. 어쩌다 마주친 그녀들이야 한번 스쳐 지나가버리면 그만이다. 때문에 마음 편히 먹고 저질러 버린다. 새로운 것에 대한 강렬한 호기심과 욕망이 몸과 마음을 평소와 달라지게도 한다.

아내는 다르다. 매일 보는 아내 몸이 새삼스러울 것도 없지만, 만족하게 해주지 못하면 떠나버릴 수도 있다는 두려움이 있다. 아내와의 섹스는 꿀맛 잔치가 아니라 수컷의 능력을 인정받는 혹독한 시험대라는 생각에 몸과 마음이 움츠러드는 것이다. 남자들의 허풍 중 상당수는 섹스와 관련된 이야기다. 하룻밤에 일곱 번 했다거나 평소 실력의 절반도 발휘하지 않았음에도 여자가 엉엉 울면서 감격해 하더라고 뻥치는 인간도 있다. 말도 안 되는 소리를 지껄이는 인간도 한심하지만, 뻥인 줄 알면서 혹시 진짜인가 싶어 속으로 끙끙 앓는 인간도 안쓰럽기는 마찬가지다. 섹스가 두려운 남자들이 그 두려움을 잊으려고 뻔히 알면서 저희들끼리 그러는 거다.

아내가 "오늘은 얼마나 잘하나 보자, 어디 해 봐!" 하는 표정을 지으면, 남자는 또 두려워진다. 남자가 아침에 집을 나설 때 어깨가 처지는 이유는 두 가지다. 하나는 얄팍해진 지갑이요, 두 번째는 실패한 새벽 발기다.

남편도 젖을 먹고 싶다

프로이드는 인간이 태어나 최초로 느끼는 성감대가 바로 유방이라 했다. 어른이 되어 사랑을 하는 것도 결국 유방으로 되돌아가려는 회귀본능에 다름 아니며, 해서 유방이야말로 사랑의 시작이자 종결점이라는 것이다. 그래서 어머니는 최초의 유혹자인 셈이다. 남편이 아내의 젖무덤을 파고 드는 것은 결국 모성에 대한 지극한 갈망으로, 남편은 아내의 젖무덤에서 위안받고 지친 영혼의 짐을 내려놓게 되는 것이다.

영국을 가장 오랫동안 통치했던 인물들은 모두 여성 군주다. 엘리자베스 1세(1558~1603 재위), 빅토리아(1837~1901 재위), 엘리자베스 2세(1952~현재 재위)가 그들이다. 특히, 엘리자베스 1세 재위 기간 동안 영국은 스페인 무적함대를 물리치고 세계 패권을 장악했을 뿐 아니라 윌리엄 셰익스피어, 프란시스 베이컨 등 세계적인 문화예술인들이 배출될 정도로 국가적으로도 큰 성공을 거둔 시기다.

엘리자베스 1세는 군주로서의 통치능력 못지않게 죽을 때까지 결혼하지 않은 처녀 여왕이었다는 사실이 화제가 되었다. 이 때문에 그녀가 과연 처녀였을까하는 다분히 장난기 섞인 의구심이 끊임없이 제기돼 왔다. 그녀가 과연 처녀였는지 내막을 알기 어렵지만 분명한 것은 당시 영국 사회가 숫처녀 성모 마리아를 숭배했던 가톨릭 문화 지배하에 있었던 것을 감안하면, 그녀의 처녀성은 통치자로서 큰 무기였음에 틀림없다. 처녀 여왕 엘리자베스는 처녀임에도 가슴을 드러내는 파격적인 행동으로 국민들을 놀라게 했다. 풍만했는지 아니면 납작했는지 그 상태는 알 수 없지만 그녀의 노출은 지금의 기준으로도 쉽게 납득이 가지 않는다.

엘리자베스 1세에게 가슴은 남자들이 쭉쭉 빨거나 만지작거리며 황홀경에 빠지는 성기가 아니었다. 어린 생명에게 젖을 먹이고 정서적 안정을 주는 한없이 넓고 자애로운 모성애의 발현이었다. 국민들은 여왕의 드러난 가슴을 보며 한번 만져보고 싶다는 잡스런 생각을 하기보다는 성모 마리아 같은 신성한 기운을 느꼈다고 한다. 엘리자베스 1세는 젖가슴을 통해 신성함과 권위를 얻고 국민을 통합하고 국가적 성공을 이룰 수 있었다.

의도야 어떻든, 당시 여왕의 드러난 가슴을 본 남자들의 속마음이 다 같지는 않았을 것이다. 여왕의 가슴을 보면서 욕망이 솟구치는 바람에 남몰래 죄책감을 느꼈을 수도 있고, 성적매력이라고는 찾아볼 수 없는 시시한 가슴이라며 속으로 비웃었을지도 모른다. 여왕의 파격 노출은 일반 여성 사이에서도 거부할 수 없는 패션이 되었고, 남자들은 신이 났다고 한다.

유방은 시대에 따라 바라보는 시각과 의미가 달랐다. 유방은 아이에게 젖을 먹이는 데에만 의미가 있으니 성적 쾌락 따위는 아예 꿈도 꾸지 말라고 강요당하던 시절이 있었다. 반대로 유방은 어디까지나 성적인 욕망의 대상으로 매력을 간직해야 하며 그래서 아이에게 젖을 먹이는 것조차 남편에게 허락받아야 할 때도 있었다.

때로는 유방이 정치적 목적으로 이용당하기도 했다. 유방이 전쟁터에 나간 군인들의 사기를 높이기 위한 선전물이 되기도 했고, 국가의 출산과 육아장려정책을 위한 포스터로 그려지기도 했다. 유방은 심지어 자유의 상징이기도 했다. 들라크루아는 〈민중을 이끄는 자유의 여신〉이란 그림에서 유방을 활짝 드러낸 여성의 모습을 보여주며 프랑스의 자유를 상징하는 데 유방만큼 훌륭한 것이 없다는 걸 증명했다. 이 그림이 지폐의 도안으로 활용되기도 했으니 프랑스 사람들은 에로틱한 욕망과 돈에 대한 세속적 욕망을 절묘하게 결합하고 즐겼던 셈이다.

제2차 세계대전이 끝나고 파리가 해방되자 프랑스 대중가수 안 샤펠은 자동차 지붕으로 뛰어올랐다. 그리고 입고 있던 블라우스를 찢고선 가슴을 활짝 열어젖혔다. 들라크루아의 여신처럼 당당히 가슴을 드러내며 힘차게 국가를 불렀다. 드러난 가슴은 곧 해방이었고 자유였다. 우리사회에서 유방은 여전히 경제적·문화적으로 끝없는 탐욕의 대상이다. 그래서 패드와 뽕브라, 실리콘으로 대변되는 큰 가슴 열풍에서 헤어나지 못하고 있다.

유방은 자궁과 함께 여성성을 가장 잘 드러내는 신체부위다. 음양오행으로 따져보면 짝수로 이뤄지는 것들이 주로 음(陰)이고, 홀수로 이뤄지는 것들이 양(陽)이다. 짝수는 아귀가 딱 맞아 안정적이기 때문에 정적인 음의 기운이며, 홀수는 짝이 맞지 않아 짝을 맞추기 위해 이리저리 움직이려는 성질이 있어 양의 기운이라는 것이다. 성기도 한 토막이면 양, 두 토막이면 음이다. 그러니 고추는 남자의 것이고, 유방은 여자의 것이다.

쌀은 햇볕을 듬뿍 받고 자라 양의 기운이 세고, 보리는 겨울에 냉기를 품고 자라므로 음의 기운이 강하다. 보리를 푹 삶아야 맛있게 먹을 수 있듯이 여성을 대할 때도 인내심을 가지고 은근하게 기운을 끌어올려야 사랑받을 수 있다. 자연의 이치란 참 오묘하다.

양손을 모아 구멍을 만든 뒤 주먹을 밀어 넣으며 "쌀, 보리"를 외치는 놀이가 있다. "쌀"이라 하면 손을 오므려 붙들고 "보리"라 하면 놓아야 하는 이 놀이도 따지고 보면 음양조화를 응용한 에로틱한 놀이다. "샅 치기 샅 치기 샅 뽀뽀" 하는 놀이도 있었는데, 샅이란 음부를 가리키는 말이니, 샅을 치고 뽀뽀를 하다니 이 역시 음탕한 소리다. 그 속뜻을 모르고 아이들이 "샅 치기 샅 치기 샅 뽀뽀" 하며 노래를 불렀던 것이다.

신비한 음양조화가 또 있다. 여성은 성기의 가장 깊은 곳부터 심(心) 폐(肺), 중간이 비(脾) 위(胃), 입구가 신(腎) 방광(膀胱)과 서로 배속돼 있다. 남성은 성기 가장 밑뿌리가 신(腎) 방광(膀胱), 중간이 비(脾) 위(胃), 끝 부분이 심(心) 폐(肺)와 각각 배속돼 있다. 때문에 남녀의 성기가 완전히 결합했을 때 서로의 배속되는 장기가 꼭 맞아떨어지는 것이다. 그러니 궁합이 잘 맞아 기분 좋은 섹스를 하게 되면 상대의 장기들을 자극하고 기가 통해 건강해진다는 것이다. 유방은 모성과 관능성을 동시에 안고 있다. 아이에게 젖을 먹이는 모성애 넘치는 자애로운 어머니의 상징인 유방과, 성적 욕망을 자극하는 섹스 도구인 유방이 공존하는 것이다. 그래서 유방은 엄마로서 혹은 아내로서 역할에 따라 그 기능이 확연하게 달라진다. 대개는 에로와 모성이라는 두 가지 역할과 기능을 모두 수행한다.

1970년대만 해도 엄마들이 버스에서 아기에게 젖을 물리는 모습이 낯설지 않았다. 버스에서 담배를 피우는 매너 없는 아저씨들도 있는 시절이긴 했지만, 아무튼 그때는 가슴을 내놓고 젖을 먹이는 것이 결코 몹쓸 짓이 아니었다. 그런데 언젠가부터 그런 아름다운 모습을 보기가 힘들어졌다.

로마 시대, 갓 아기를 낳은 가난한 여성이 감옥에 갇혀 있는 어머니를 면회 갈 수 있게 되었다. 그런데 아무것도 가지고 들어갈 수 없었다. 여인은 굶주린 어머니에게 자신의 젖을 먹이다 간수에게 들켰다. 딸의 지극한 효심에 감동한 간수의 도움으로 어머니는 풀려날 수 있었다. 이 이야기는 나중에 감옥에 갇힌 아버지 이야기로 둔갑했고, 화가들이 늙은 아비가 젊은 딸의 젖을 빨고 있는 그림을 그려냈다. 사실 아비가 딸의 젖을 먹는 그림은 효심보다 부녀지간의 근친상간을 암시하면서 젊은 여인의 유방에 대한 남자의 관음 욕망을 자극하는 불온한 수단이었다.

어미에게 젖을 물리든 아비에게 젖을 물리든 그것이 효심의 발로라면 아름다운 풍경일 것이고, 아이에게 물리는 젖이라면 더욱 경이롭고 성스러운 모습이다. 효심이든 모성이든 결국 그것은 사랑이다. 남편이라는 쓸쓸하고 보잘것없는 인간은, 그 가슴이 그립다.

내 마음
갈 곳 잃어

신혼 초에 많은 커플이 남편의 귀가 시간을 두고 다툰다. 남편이 일찍 귀가하지 않으면 아내들이 서운해 하기 때문이다. 칼같이 퇴근해 뒤도 안 보고 집으로 달려가는 착실한 남편도 있지만 그렇지 않은 남자도 많다. 회식이 있거나 친구를 만나 한잔해야 하기 때문이다. 신혼의 아내는 그런 남편을 타박하며 이른 귀가를 재촉한다.

하지만 세월이 흘러 중년이 되면 사정이 달라진다. 퇴근하기 무섭게 집으로 달려가는 남편을 반겨주는 아내가 드물어지는 것이다. 신혼 때는 술도 마시지 않고 친구도 가까이 하지 않고 아내와 새끼밖에 모르는 모범생 남편이 최고인 줄 안다. 아이가 자라 집안의 왕 노릇을 하기 시작하면 사정이 달라진다. 아이들 챙기기도 힘든 마당에 남편까지 꼬박꼬박 밥시간에 맞춰 들어오니 성가시고 미운 것이다. 그래서 아내로부터 삼시 세끼 다 얻어먹는 인간은 '삼식이 놈', 두 끼만 먹으면 '두식이', 한 끼만 먹으면 '일식 씨'라 한다지 않나.

이 정도면 애교다. 웃고 넘어갈 수도 있다. 아내가 투덜거리거나 말거나 삼시 세끼 밥 차려주면 먹고, 열심히 직장생활하면 큰 탈은 없다. 모범생 가장의 삶은 그런 것이다. 큰돈 못 벌어도 가정적이고 착실하다 소리 듣고, 아내와 자식한테 모진 소리 듣지 않고 살면 되는 것이다.

가슴 한구석에 늘 찬바람이 부는 남편이 의외로 많다. 내 마음 갈 곳을 잃어 밤거리를 헤매는 가여운 영혼들이 있는 것이다. 집으로 들어가 봤자 반겨줄 사람도 없고 다리 쭉 펴고 쉴 만한 공간도 없는, 별 볼 일 없는 남편은 낙엽처럼 이리저리 뒹굴러 다니는 것이다.

쓸쓸한 영혼들이 잘 찾는 곳이 카페식 술집이다. 나름 미인이라는 소리를 듣는 여성이 마담과 종업원으로 있는 곳인데, 중년의 남자들이 이런 곳을 찾는 것은 그 여인들이 말 상대를 해주기 때문이다. 집에 들어가 봐야 아내가 살갑게 맞아주는 것도 아니고 알뜰살뜰 챙겨주지도 않는다. 그런데 술집 여인들은 어서 오라며 웃어주고 회사에서 있었던 일이며 이런저런 고민까지 다 들어주니 눈물 날 지경으로 고마운 것이다. 아내한테 그런 소리를 할 기회도 없지만, 설사 있다고 해도 그런 소리해 좋은 답변을 듣기 힘든 상황이니, 싫은 내색 않고 말을 들어주는 것이 감격스러울 지경이다.

그렇다고 이런 카페가 마냥 좋은 것만도 아니다. 카페에서 나올 때까지 계속 마담이나 여자 종업원과 대화를 나눌 수 있는 게 아니기 때문이다. 다른 손님이 오면 여인이 가 버리고, 그러면 닭 좇던 개처럼 혼자 멍청하게 술을 마셔야 한다. 언제 다시 내 차례가 오나 목을 빼고 기다리다 술도 떨어지고 정신도 오락가락하면 할 수 없이 카페를 나서야 한다.

스탠드바에 가면 한두 명의 여자 종업원이 테이블을 사이에 두고 여러 명의 남자 손님을 상대한다. 대개 남자들 모습이 처량해 보인다. 여기서도 홀로 와 여자 종업원과 대화를 나누며 술을 마실 수 있다. 하지만 여자 종업원과의 대화시간은 간에 기별도 안 갈 만큼 찔끔찔끔이다. 다른 손님이 올 때마다 여자 종업원이 자리를 뜨기 때문이다. 여자 종업원이 오기만을 기다리며 또 멍청하게 혼자 술을 마신다. 그렇게 술을 마시는 남자들의 모습은 패잔병이나 엄마 잃은 고아들처럼 처량해 보인다.

카페식 술집이나 스탠드바에서 일하는 여자들의 공통점은 성적으로 매력을 풍긴다는 점이다. 단순히 대화를 나누는 상대가 아니라 잘하면 성적인 관계도 맺을 수 있을 거란 뉘앙스를 준다. 그래서 어리석은 남자들이 운이 좋으면 그녀들과 재미를 볼 수 있으리란 착각에 빠져 "언젠가 먹고 말 거야!" 하며 과자를 쫓아가는 동물처럼 끈질기게 찾아가는 것이다.

그건 어디까지나 환상이고 착각일 뿐이다. 실제로 그런 곳에서 일하는 여성들과 성적인 관계를 맺었다는 남자를 찾기가 쉽지 않다. 혹시나 하고 찾아갔다가 돈만 쓰고 결국 쓸쓸하게 나오는 것이다. 아침에 술을 깨고 카드로 긁은 술값을 보면 속이 울렁거리고 머리가 어지럽다. "내가 미쳤지. 다시는 안 갈 거야!" 하고 다짐하지만, 밤이 되면 쓸쓸한 내면이 그를 또다시 그곳으로 이끌게 된다. 밥을 굶은 거지가 깡통을 들고 문전걸식하듯이, 정에 굶주린 늙은 아이가 동냥을 나선 것 같은 처량한 모습으로 향하는 것이다. 그렇게 찾아가서 같은 모습으로 더 큰 쓸쓸함을 안고 되돌아오면서도 그 고달프고 안타까운 악순환의 고리를 끊지 못하는 것이다.

돈이 많이 들어가는 고급 룸살롱에서 술을 퍼마시는 사람들은 팔자가 좋은 편이다. 그런 부류들은 쓸쓸해서라기보다 사업상 접대나 개인적으로 돈이 많아 그런 곳을 찾는다. 그런 곳은 술값도 비싸고 접대부들도 미인이다. 물론 수준에 따라 다르지만 고급 룸살롱의 접대부들은 연예인 뺨치는 외모를 자랑한다. 하기야 연예인들과 이런 곳의 접대부 여성들이 피부, 성형전문병원 등 뷰티시장의 주 고객 아닌가.

남자들이 밖에서 겉도는 것은 집안에서 존재감을 인정받지 못하기 때문이다. 물론 술과 여자를 좋아해 집안을 팽개치고 밤거리를 쏘다니는 남자들도 있다. 하지만 일찍 집에 들어가 아내가 차려주는 따뜻한 저녁을 먹고 가족과 도란도란 이야기 나누며 살고 싶어도, 할 수 없이 밤거리를 헤매는 남자가 많다. 그런 남자들이 마음에도 없는 웃음을 흘리고 건성으로 말을 들어주는 술집여자들을 찾아가 정을 구걸하고 위안을 받으려 하는 것이다.

남자가 집안에서 존재감을 찾지 못하는 것은 식구가 인정해주지 않기 때문이다. 부양자로서 의무를 충분하고 만족스럽게 해내지 못하는, 그래서 가장으로서 자격이 없는 한심한 인간이란 취급을 받기 때문이다. 잘나거나 못나거나, 그래도 내 남편, 내 아버지 하며 대접해주던 시절에는 그런 일이 없었다. 가정이란 그런 곳이었다. 하지만 이제 세상이 달라졌다. 정이나 배려 대신 금전적 가치로 매겨지는 냉혹한 평가 그리고 징벌만이 있을 뿐이다.

가장이 열심히 먹이를 나르지 않으면 바로 비난이 쏟아지고 냉대가 시작된다. 가정의 보호자로서 위엄과 체면 따위는 오로지 먹잇감을 날라오는 그 순간까지만 유지된다. 심지어 먹잇감을 충실하게 갖다 나르는데도 부족하거나 질이 떨어진다며 원망하기도 한다.

신데렐라 콤플렉스라는 게 있다. 미천한 신분의 신데렐라가 백마 탄 왕자를 만나 팔자를 고친다는 서양의 민담에 나오는 이야기다. 신데렐라는 운명을 바꾸기 위해 특별히 노력하지 않는다. 그저 현실에 순응하고 기다릴 뿐이다. 그런데도 하늘이 도왔는지 왕자가 등장해 그녀를 구원해준다. 여자란 모름지기 착하게 순종하면서 기다리면 복을 받을 수 있다는 메시지인 셈인데, 많은 여성이 백마 탄 왕자를 기다린다. 자신이 신데렐라이기를 바라는 여성은 남들로부터 관심과 도움을 받거나 사랑을 얻는 데 힘을 쓴다. 여성이란 나약한 존재이므로 보호받아야 마땅하다고 생각하는 것이다.

신데렐라 이야기는 제인 오스틴의 소설《오만과 편견》, 버나드 쇼의《피그말리온》을 번안한 뮤지컬〈마이 페어 레이디〉와 그것을 통속적으로 영화화 한〈프리티 우먼〉에 이르기까지 끈질긴 생명력으로 이어져 오고 있다. 우리나라에선《콩쥐팥쥐》가 그러하고, 지금도 TV드라마에서 쉼 없이 등장하는 단골 메뉴가 바로 신데렐라 설정이다. 많은 여성이 신데렐라에 대한 환상을 가지고 있고, 그러한 여성들의 심리는 비난 받기도 한다. 신데렐라 콤플렉스가 성립하는 것은 구원받고자 하는 여성에 호응하는 남성의 심리가 있기에 가능하다. 여성이 구원받기를 원하는 반면, 남성은 언제든지 달려가 그녀를 구원해 줄 정의의 기사가 될 준비가 돼 있는 것이다.

흑백TV 시절 만화영화로 보았던 〈뽀빠이〉부터 힘 센 영웅들이 등장하는 〈슈퍼맨〉 〈배트맨〉에는 하나같이 영웅으로부터 구원받는 신데렐라가 등장한다. 영웅이 등장하지 않는 로맨스 영화에서도 위기에 빠진 여자 주인공을 구원해주는 남자 주인공이 무수히 등장한다. 길거리에서 불량배를 만난 여자 주인공을 위해 무조건 뛰어든다든가, 고속도로에서 자동차 고장으로 어쩔 줄 몰라 하는 여자 주인공의 차를 고쳐준다든가, 사무실에서 곤란한 상황에 빠진 여자 주인공의 업무를 도와주기도 한다. 여기 등장하는 여자 주인공은 물론 다 미인이다.

남자들은 영화나 소설 속 주인공처럼 위기에 빠진 연약한 미인을 위해 몸을 던질 각오가 돼 있다. 영웅적 행동이나 호감을 얻을 만한 짓을 함으로써 자신의 존재감을 확인하고 자부심을 갖는 것이다. 군자는 자신을 알아주는 사람을 위해 목숨을 바친다는 공자의 말처럼 남자란 인정받기 위해 목숨을 걸 수도 있다.

남자들이 목숨 걸고 사냥하거나, 죽기 살기로 돈을 버는 것은 단순한 의무감이 아니라 자신의 존재와 행위를 인정받고 존중받는 것, 그것을 계속 이어가고 싶다는 열망 때문이다. 그런데 돈벌이가 시원찮든지 하는 일이 별 볼 일 없게 되어 아내와 가족으로부터 인정받지 못하게 되면 존재감을 잃고 밖으로 돌게 되는 것이다. 영웅이 아니라 머슴이라고 속 편하게 여기는 사람조차 "왜 머슴 역할도 제대로 못해?" 하는 타박을 듣게 되면 그나마 그 머슴 역할도 하기 싫어지고 존재감을 잃어버리는 것이다.

돈 많은 중년 남성이 젊은 여성과 바람을 피우는 경우가 있다. 이런 상황이 닥치면 그의 아내는 젊은 년한테는 못 당한다며 세월을 원망할 것이다. 하지만 중년의 남자가 젊은 여성에게 눈길을 주는 것은 젊은 여자가 자신을 존경한다고 믿기 때문이다. 부자인 중년 남자는 젊지만 경제적으로 여유롭지 못한 여성의 구원자 노릇을 하고, 대신 그녀로부터 존중받고 성적인 즐거움까지 얻을 수 있으니 일거양득인 셈이다.

남자가 아무리 사회적으로 성공했다 하더라도 살 부대끼고 사는 아내로부터 머저리 취급을 당하면 젊은 여자에게로 도피하고 싶어진다. 그것은 위험하지만 즐거운 모험이다.

돈 많은 중년 남자라면 그나마 선택의 여지라도 있지만, 돈도 없고 별 볼 일 없는 중년 남성들은 버려진 강아지처럼 오늘도 밤거리를 떠돌 것이다. '신사의 품격'은 돈 있는 자의 몫이다.

대한민국 아버지는 가족서열 꼴찌

가부장제 사회에서 가족 구성원은 가장을 정점으로 서열화된다. 남자들은 단지 남자라는 이유로 대우를 받고 여자들은 여자라는 이유로 낮은 지위를 부여받는다. 가장은 능력과 상관없이 단지 가장이라는 이유만으로 대우받고 권위를 인정받는다. 또 자신의 성(姓)을 이어받는 자손들에 대한 자부심도 크다.

이제는 그런 세상이 아니다. 가부장제가 남아 있다고 하지만 대세는 이미 기울었다. 법이 바뀌어 호주제가 사라졌다. 아버지가 중심이 되고 나머지 식구는 그에 종속되는 게 아니라 모두가 독립된 호주로 평등한 지위를 갖게 되었다. 아버지의 성과 본을 따르지 않아도 된다. 호적을 파 버리겠다는 협박도 이제 할 수 없게 됐다. 한마디로 아버지라는 존재 역시 가족 구성원의 한 명일 뿐 지위가 더 높다거나 권한이 더 많은 것도 아닌 세상이 된 것이다.

그렇다고 법 개정이 대한민국 아버지들의 권위를 실추시켰다고 말할 수는 없다. 법이라는 것도 시대 변화에 맞게 새롭게 고쳐지고 다듬어져야 하는 것이고, 호주제 폐해에 대한 지적도 많았기 때문에 그것이 사라졌다고 해서 잘못됐다고 말하기는 어려운 것이다. 실제로도 호주제 폐지 때문에 살맛이 없어졌다는 남자들은 거의 없다. 그보다는 아내나 아이들로부터 인정받지 못하고 대접받지 못해 어깨가 처진다고 하소연한다. 근사한 남편, 멋진 아빠 소리 들으며 어깨 활짝 펴고 살고 싶은데 현실은 정반대인 경우가 많다.

대한민국 가장들의 어깨가 처진 결정적인 이유는 가정에서의 실제적인 서열의 변화다. 예전 같으면 아버지가 당연히 집안의 대장이었다. 잘나나 못나나, 가장은 가장이었다. 이제 집안의 최고 대장은 아이들이다. 무슨 말도 안 되는 소리냐고 하는 사람도 있겠지만, 사실 그렇다.

서양 사람들은 여전히 부부가 가정의 중심이다. 부부의 직업과 생활패턴을 중요하게 여기고 자녀의 삶은 여기에 맞춰 짜인다. 대한민국에선 정반대인 경우가 많다. 대부분의 가정이 아이들을 중심으로 굴러간다. 집안에 호주가 사라진 대신 자녀라는 새로운 절대 강자가 등장한 것이다.

《아들아 후회 없는 인생을 살아라》라는 책을 쓴 영국의 정치가이자 저술가인 체스트필드조차 이런 말을 했다. "즐거움은 순식간에 지나가며, 체위는 우스운 것이고, 거기서 초래되는 비용은 끔찍스럽게 많다." 자식이라는 게 한순간의 즐거움에 대한 끔찍한 대가라는 것이다. 신혼 때는 "자기 닮은 아이를 낳자."며 때와 장소를 가리지 않고 서로를 탐한다. 자신을 쏙 빼닮은 아이가 태어나면 세상을 다 얻은 듯 기뻐한다. 열심히 살겠다며 의욕을 불사르고, 술을 줄이거나 담배를 끊기도 한다. 아내 몰래 눈길을 주고받던 아름다운 그녀와 연락을 끊기도 한다.

남자는 남은 인생 대부분을, 청춘의 시절은 말할 것도 없고 시들시들한 중년이나 노년까지 아이를 먹여 살리기 위해 죽도록 일해야 한다는 사실을 잠시 잊는다. 방긋방긋 웃는 아이의 얼굴을 들여다보면 세상 시름이 다 잊히기 때문이다. 아기들이란 왜 하나같이 그토록 귀엽고 사랑스러운지! 그런데 그 역시 아기가 살아남기 위한 생존 전략이다. 아이가 징그럽거나 무서운 느낌을 준다면 살아남기 어려울 것이다. 그 덕에 세상의 아빠들이 개선장군처럼 기세등등해지는 것이다.

아이가 주는 기쁨 못지않게 치러야 할 대가 역시 가혹하다는 사실을 깨닫는 데는 그리 긴 시간이 필요하지 않다. 낮과 밤이 뒤바뀌어 마구 울어 대고, 쉼 없이 먹어대고 싸대는 아이를 보살피는 것은 그야말로 장난이 아니다. 엄마야 그렇다 하더라도 밥도 제대로 못 챙겨먹는 아빠라는 인간이 기저귀를 갈고 분유를 타면서 진땀을 흘린다. 무엇보다 아내가 아이한테 신경을 쓰느라 남편을 돌볼 틈이 없다는 사실이 초보 아빠를 힘들게 한다. 물론 처음에는 그런 것쯤 문제가 되지 않는다고 생각한다. 출산을 전후해서 성적인 욕구 때문에 불편함을 느끼기도 하지만 그 정도는 아무것도 아니라고 여긴다. 아내가 엄마로서 존재하는 것 자체가 기쁘고 고마울 뿐이다. 그것도 잠시뿐일 것이라 생각한다.

하지만 시간이 흘러 아이가 어느 정도 자라도 아이한테 빼앗긴 아내를 되찾아 올 수 없다는 사실을 알게 된다. 유럽의 부부와 달리 대한민국 엄마는 아이를 한없이 끼고 살아야 되는 것처럼 행동한다. 아이가 혼자 잘 잘 수 있도록 습관을 들여야 하지만, 아이를 계속 끼고 잔다. 남편은 당연히 침대에서 쫓겨나 거실에 널브러져 자거나 다른 방에서 홀로 잔다.

아들이 아버지를 때려눕히고 어머니를 지켜주고 아껴주어야 한다고 느끼는 것이 오이디푸스 콤플렉스다. 남자들이 어릴 적 겪는 일종의 심리현상인데, 요즘은 어찌된 일인지 어른이 되어서도 오이디푸스 콤플렉스를 겪는다. 2차 오이디푸스 콤플렉스인 셈이다. 어린 아들에게 사랑과 관심을 빼앗겼다고 느끼는 아버지가 아들을 경쟁상대로 느끼고 분노한다는 것이다.

이런 상황은 다음 아기가 태어날 때까지 지속된다. 아내가 아이를 끼고 자고 부부가 떨어져 자도, 신은 용하게도 때가 되면 또 다른 생명을 준다. 그런데 그다음 아이가 태어나면 이제 가족이 두 패로 나뉜다. 엄마는 새로 태어난 아기를 끼고 자고, 아빠는 먼저 태어난 녀석과 동침한다. 그렇게 세월이 흘러 그다음 아기가 태어나지 않으면, 이런 상황이 또 계속된다. 나중에 태어난 아이가 사춘기가 될 때까지 이런 상태가 이어지는 가정도 있다.

이렇게 되면 집안 꼴이 우습지만 웃을 수도 없다. 아이 낳고 살다 보면 아이 뒤치다꺼리하느라 부부가 서로 신경 써주기 힘들다. 아이를 핑계 삼아 점점 관계가 소원해지고, 말로만 듣던 섹스리스 커플이 되기도 한다. 아내도 아이 낳고 살아 보니 남편이 생각보다 매력적이지도 않고, 무엇보다 남편의 능력으로는 아이 뒷바라지가 쉽지 않다는 걸 깨닫는다. "아, 결혼 잘못했구나. 내가 미쳤지. 그때 좀 못생겼어도 돈 잘 버는 그 공돌이 녀석과 결혼할 걸!" 하면서 후회하기도 한다. 그런 남편이 보면 볼수록 울화통이 치밀어 더 꼴보기 싫어진다.

그럴수록 여자는 아이한테 집착한다. 평생 기대고 살 줄 알았던 남편이 알고 보니 별 볼 일 없는 한심한 인간이고, 그래서 남편에 대한 기대를 접고 아이한테 집중하는 것이다. 자신이 처한 현실을 잊고 언제 올지도 모를 미래를 내다보면서 아이한테 희망을 거는 것이다.

남편은 그저 그런 자신의 희망을 실현시키기 위한 수단일 뿐이다. 돈을 좀 더 벌어오라고 닦달하는 것은 자신이 아니라 아이 때문이라고 말한다. 아이의 장래를 위해 돈이 필요하며 아버지로서 타고난 사명은 돈을 많이 벌어 아이 교육비를 대는 것이라고 역설한다. 그런 믿음은 당연한 것이며 그러한 믿음을 알아주지 않고 딴소리하는 남편은 밥 먹을 자격조차 없다고 여긴다.

그는 배우다. 그 바닥에서는 알아주는 중견 배우다. 그는 돈을 많이 벌지 못한다. 무대에 설 때는 세상이 다 내 것 같지만, 돈벌이는 시원찮다. 그래서 아내한테 미안하고 아이들한테도 면목이 없다. 그가 늘 돈을 못 번 것은 아니었다. 한때는 부동산 개발업체에 들어가 큰돈을 만져보기도 했다. 하지만 천성이 사업과는 거리가 멀었던지, 번 돈을 다 날리고 빈털터리가 되고 말았다. 역시 배우가 천직인가보다 하고 다시 무대로 돌아왔다. 무대로 돌아온 그는 다시 가난해졌다. 아내는 돈 이야기를 꺼내지 않는 대신 그와 말 섞는 것을 거부했다. 잠자리는 말할 것도 없었다. 밥을 먹을 때면 아내와 자식들만이 옹기종기 앉았다. 누구도 그에게 같이 밥을 먹자거나 밥을 먹는다는 신호를 주지 않았다.

이런 한심한 사람들이 있느냐 할지 모르지만, 실제로 있다. 어떤 남자는 집에 들어갈 때 마침 식구들이 밥을 먹고 있을 때라야 겨우 끼어 밥을 얻어먹을 수 있다고 했다. 이런 바보 같은 남편, 악질 아내는 굉장히 예외적인 경우로, 보통 사람들과 다르지 않느냐 반문하는 이도 있을 것이다.

정도의 차이일 뿐 비슷한 상황에 처한 남자가 의외로 많다. 살림이 아주 넉넉한 경우가 아니면 대개 방이 서너 개를 넘지 않는다. 그러면 안방은 아내가 차지하고 나머지는 아이들 몫이다. 아내가 쓰는 방이 부부의 방이어야 하지만 안방은 아내의 방일 뿐이다. 남편은 거실로 내쫓긴다. 거실에서 잠도 자고, TV도 본다. 하지만 거실은 어디까지나 공용 공간이다. 누구든 방에서 문을 열고 나오면 마주하게 되는 공터나 광장 같은 곳이다. 거기서 편히 자려면 나머지 식구 모두 잠든 시간에 자야 한다. 식구보다 늦게 자고 일찍 일어나야 한다. 그게 쉬운 일인가. 아침에 다른 식구보다 늦게까지 드러누워 있다가는 바로 지청구를 듣는다. 무능하고 게으르고 무책임한 사람으로 낙인찍힌다. 잘못하면 밟힐 수도 있다.

TV도 마음대로 보기 힘들다. 아이들 공부하는 시간 피하고 식구 잠자는 시간 피해 보려면 아예 포기하는 게 낫다. 그나마도 휴일에 출근하지 않고 거실에서 좀 쉬려고 하면 몰려 나와 거실을 차지해버린다. 갑자기 공간을 빼앗겨 버린 남자는 서성인다. 서성이다, 등산을 가거나 가기 싫은 회사로 나간다.

수험생이 있는 집안에서는 남편이 방해꾼이다. 마치 들어오지 말아야 할 곳을 잘못 들어온 사람 취급당한다. TV를 켠다는 것은 꿈도 못 꾼다. 발자국 소리를 죽여야 하고 전화도 함부로 받지 못한다. 죄인처럼 웅크려 숨죽인 채 그림자처럼 있는 듯 없는 듯 그렇게 산다. 자식 낳았다고 싱글벙글하던 아버지의 신세가 결국은 그 모양이다.

엄마는 강남스타일

대가족 사회에서는 가족 모두가 아이 교육에 참여했다. 조부모와 부모 모두 아이에게 예의범절을 가르쳤고 친척이나 동네 어른들도 남의 아이 잘못도 그냥 보아 넘기지 않았다. 하지만 핵가족이 되고 사회도 가족 중심으로 파편화되면서 이런 모습을 찾기 힘들다. 요즘은 이웃간에도 남의 집 아이에게 이래라저래라 함부로 말할 수 없다. 조부모나 친척도 마찬가지다. 내 자식 교육은 내가 알아서 하는 게 요즘 대세다. 특히 엄마의 역할이 절대적이다. 자녀교육에 참여하고 신경을 많이 쓰는 아버지도 있지만 대개 엄마가 아이의 공부를 전담한다.

할아버지의 재산과 엄마의 정보력, 아빠의 무관심이 아이가 공부 잘하는 비결이라는 헛소리가 있다. 할아버지의 재산이라는 말은 아버지가 버는 돈으로는 턱도 없으니 할아버지로부터 물려받은 재산이 많아야 한다는 의미다. 아버지의 무관심은 아버지가 간섭해 봐야 엄마처럼 독하게 못하니 아예 관심을 끄라는 의미다. 아버지의 무관심 대신 아버지의 머리라고 하기도 한다. 결국 아이 공부 잘하게 하려면 돈이 많아야 하고, 엄마가 빠릿빠릿하게 정보를 모아야 한다는 말이다.

우리나라에 전업주부라는 말이 생겨난 것은 1980년대 들어서다. 원래는 1980년 일본의 〈주간현대〉라는 잡지에 '전업주부 일상의 이면'이란 제목의 기사가 등장하면서 이 말이 처음 알려졌고 우리나라로 건너온 것이다.

1970년대부터 시작된 산업화 바람으로 농어촌 인구가 줄어들고 도시의 인구밀도가 높아지기 시작했다. 1980년대 들어 대기업을 중심으로 한 화이트칼라 계층이 새로운 중산층으로 자리 잡으면서 전업주부들이 생겨나기 시작했다. 농촌의 주부들은 농사일과 집안일을 함께해야 했고, 도시에서도 남편이 혼자 벌어 생계를 꾸려나가기 힘든 경우 여성도 일을 해야 했다. 하지만 남편의 수입만으로 충분히 생계를 꾸려갈 수 있는 화이트칼라 계층에선 아내가 집안일만 전담하는 전업주부가 된 것이다.

당시 머리에 스카프를 쓰고 앞치마를 두른 모습으로 부엌에서 가족들을 위해 요리하는 것이 전업주부의 상징이었다. 조미료 같은 식품 관련 상품 광고도 이런 차림의 여성이 등장했다. 전업주부란 단란하고 행복한 가정의 안방마님이란 인상을 주어 선망의 대상이 되기도 했다. 하지만 여성의 사회진출이 늘어나고 여성운동이 활발해지면서 전업주부에 대한 인식이 달라지기 시작했다. 가부장제적 강압에 의해 할 수 없이 집에 갇혀 자신의 재능을 썩히는 안타까운 존재라는 인식이 퍼지기 시작한 것이다. 심지어 무능하고 한심한 여성이란 느낌마저 들게 되었다.

많은 여성이 지금도 전업주부의 삶을 꿈꾼다. 남편이 벌어 오는 돈만으로 충분히 아이들 공부시키고 생활할 수 있다면 그보다 좋을 수 없다 생각하는 것이다. 물론 사회에 나가 자신의 능력을 발휘하는 것도 좋다. 하지만 여성이 안정적으로 일할 수 있는 기회가 많지 않다. 남녀 할 것 없이 출근길에 콧노래 절로 나오는 즐겁고 행복한 직장생활은 쉽지 않다. 여성의 권익이 많이 좋아졌다고는 하지만 아직도 여성에게 직장생활이든 비즈니스 세계든, 바깥 활동이 생각만큼 녹록지 않다. 무엇보다 사회 활동을 하는 여성은 아이의 양육과 교육이 가장 큰 고민이고 그 때문에라도 전업주부로 살았으면 바라게 되는 것이다.

많은 전업주부가 집안의 살림을 도맡는 대신 경제권을 틀어쥐고 있는 게 사실이다. 남편에게 생활비를 받는 집도 있지만 보통 남편의 월급은 남편의 손을 거치지 않고 아내의 통제권으로 직행한다. 남편이 아내에게 용돈을 받아쓰거나 결재를 얻은 후 돈을 써야 하는 형편이다. 자녀교육도 마찬가지다. 전업주부가 알아서 챙기기 때문에 남편이 끼어들 여지가 별로 없다. 가정의 대소사를 비롯해 모든 문제에 전권을 쥐고 흔드는 실세다.

가정의 실제 지배자인 전업주부가 사명이라고 느끼는 것은 자녀교육이다. 자신이 가정의 실세로서 누리는 권한과 주어진 책무는 자녀가 남들보다 성공할 수 있도록 뒷바라지하는 것이라 여긴다. 그래서 집안의 중심에 자녀가 있고, 자녀를 중심으로 가정이 굴러가는 구조가 되는 것이다.

주부들은 자신을 자녀의 공부를 위한 매니저라 생각하고, 남편은 그것을 충실히 잘 수행할 수 있도록 지원하는 존재라고 여긴다. 남편은 자녀교육의 주도자가 아니라 철저하게 보조자 혹은 후원자일 뿐이다.

주부들이 자녀를 위한다고는 하지만 자신의 욕망을 위해 자녀교육에 목을 매는 경우도 많다. 남들 보기에 그럴듯한 전문직 여성들과 달리 집안에만 머물러야 하는 상대적 공허함을 자식을 통해 보상받으려는 것이다.

강남 대치동에 가면 오전 시간에 아줌마들이 커피숍이나 빵집에 삼삼오오 모여 앉아 있는 것을 볼 수 있다. 아침에 남편이 출근하고 아이들이 학교에 간 다음 그룹으로 모여 차를 마시며 정보를 나누는 것이다. 맛있는 점심을 함께 먹으러 다니면서 그들만의 리그를 튼튼하게 다지는 것이다. 대치동 엄마들 중 사교육에 관한 정보를 샅샅이 꿰고 다니는 정보통들이 수두룩하다. 같은 그룹의 멤버라고 알짜정보를 다 같이 공유하는 것도 아니다. 같은 그룹 내에도 경쟁심을 느끼기 때문이다. 자신이 알아낸 정보를 먼저 자식에게 적용하고 뒤에 슬며시 풀어놓기도 하고 아예 입을 꾹 다물기도 한다. 때로는 그룹끼리 멤버를 짜서 고액과외를 하고 학원 스케줄을 조정하기도 한다. 멤버를 모아 조를 짜는 엄마의 자식은 공짜로 수업을 듣기도 한다.

워킹맘의 고민이 여기에 있다. 공부를 잘 시키려면 정보를 훤히 꿰뚫고 있어야 하는데, 워킹맘은 전업주부에 비해 정보의 접근성이 현저하게 떨어질 수밖에 없다. 같은 학교, 같은 아파트에 살아도 전업주부들이 짜놓은 그들만의 리그에 워킹맘이 끼어드는 것은 만만찮다. 그야말로 워킹 맘은 왕따 신세가 된다. 하지만 워킹맘이 환영받는 길이 없지는 않다. 자식이 뛰어난 성적을 받으면 문제가 없다. 공부 좀 한다는 소문이 나면 워킹맘 아니라 워킹할머니라도 환영받는다. 공부 잘하는 아이를 둔 워킹맘이 주부들의 리그에 끼어들 이유가 없을 것 같지만, 그렇지도 않다. 내 자식이 아무리 공부를 잘해도 주부 정보통의 알짜정보는 피가 되고 살이 되기 때문이다.

이 동네에선 아이들의 성적에 따라 엄마들의 서열이 나뉜다. 공부 좀 한다는 어떤 아이의 엄마가 처음 이 동네에 왔을 때, 기죽지 않으려고 명품 가방을 사서 들고 다녔다고 한다. 엄마들 모임에 나가 보란 듯이 탁자 위에 명품 가방을 턱 올려놓았지만 어느 누구도 관심을 갖지 않았다. 그런데 어느 날 화장기 없는 얼굴에 수수한 차림을 한 엄마가 등장하자 서로 자기 옆자리로 와 앉으라며 호들갑을 떨었다. 알고 보니 그 엄마의 아들이 전교 1등을 한다고 했다.

학원을 고를 때 어느 학생이 다니는 학원인지도 중요한 기준이 된다. 강사나 시설이 아무리 훌륭해도 학생들의 실력이 별 볼 일 없다고 하면 외면당한다. 전교 1등인 아무개가 그 학원 다닌다, 하면 묻지도 않고 따지지도 않고 아이를 그 학원에 보낸다. 그러니 학원마다 입시철이 되면 어느 대학에 몇 명이 들어갔네, 하면서 플랜카드를 내걸고 홍보를 하는 것이다. 심지어 다니지도 않은 학생 이름을 올려 뻥을 치기도 한다. 학원에도 눈 가리고 아웅하는 구석이 있다. 수강생들을 모집할 때 테스트를 하는데, 수준을 따져 반을 편성하기 위해서라고 한다. 아예 입학을 거부당하기도 한다. “우리 아이 실력이 왜 이 수준밖에 안 되느냐?”며 따지는 엄마도 있고, 자존심이 상한다며 다른 학원으로 가버리는 엄마도 있다. 결국 실력 좋은 아이들이 모인 학원은 진학률이 좋을 수밖에 없다. 어떻게 보면 학원에서 잘 가르쳐서라기보다 원래 성적 좋은 아이들이 많이 모였기 때문에 진학률이 높다고 할 수도 있다.

오후가 되면 대치동 일대가 난리가 난다. 엄마들이 대거 차를 몰고 나서기 때문이다. 아이들을 학원에 실어 나르는 차다. 대치동이나 인근에 사는 아이들부터 다른 지역의 아이들까지 가세해 도로가 밤늦도록 북새통을 이룬다. 그렇게 낮에는 정보를 모으고 오후부터 밤늦게까지는 아이들 실어 나르면서 주부로서 타고난 사명을 완수하는 것이다. 전업주부들은 매니저를 자처하며 아이를 철저하게 통제하고 관리한다. 아침에 눈 뜨는 순간부터 밤에 잠자리에 들기까지 미주알고주알 오만가지를 다 참견하고 간섭한다. 껌처럼 들러붙어 아이를 조종한다. 아이는 그저 로봇처럼 엄마가 조종하는 대로 움직일 뿐이다.

그런 폐해가 곳곳에서 나타난다. 엄마를 '미친년'이라 부르는 아이도 있고 평생 엄마를 미워하면서 사는 아이도 있다. 심지어 고교생이 성적이 좋지 않다며 매질하는 엄마를 죽인 일도 있었다. 명문대에 입학해도 엄마에 대한 원망과 분노 때문에 엄마를 살해한 사건도 있었다. 대한민국의 수많은 아이가 엄마 때문에 못 살겠다며 울부짖고 있다. 이런 식으로 아이한테 압박을 가하는 엄마들이 남편을 그냥 놔둘리 없다. 옆집남편을 들먹이며 돈을 더 벌어오라고 닦달하고, 하루도 마음 편히 쉬게 내버려 두지 않는다. 그렇게 엄마는 강남스타일, 아버지는 거지스타일로, 한심하게 살아가는 것이다.

캥거루 자식들

어릴 적부터 엄마품에서 엄마가 조종하는 대로 로봇처럼 자란 아이들은 커서도 변함이 없다. 대학에 들어가 무슨 과목을 수강해야 할지, 어떤 동아리 활동을 해야 할지, 심지어 어떤 여자 친구와 사귀어야 할지, 일일이 엄마한테 묻고 엄마의 허락을 받아야 안심이 되는 한심한 친구도 많다.

이런 자식도 그 엄마에게는 여전히 빛나는 존재다. 20년 가까운 세월 동안 헌신하고 열정을 바쳐 마침내 아이가 원하는 대학을 들어갔다 생각하면 가슴 벅차다. 무엇보다 아이가 변함없이 엄마를 찾고 엄마 없이는 아무것도 할 수 없다는 사실에 오히려 목이 멜 정도다. 평생 끼고 살 것만 같은 자식이기에 자식과의 인연을 끊는다는 건 꿈에도 생각지 못한다.

어릴 적부터 물고 빨며 키운 덕에 아이는 결코 엄마품을 떠나려 하지 않는다. 마치 캥거루 새끼가 엄마 주머니에서 나오지 않으려는 것처럼 스스로 세상을 향해 나아가지 않으려 한다. 면역력을 길러주지 않았기 때문에 아이는 세상과 맞설 정신상태가 갖춰지지 않았다. 슬프고 힘든 생각조차 못하게 하고, 오로지 공부만 열심히 하라며 다독이고 가르친 덕분에 아이는 제 편한 것만 알고, 조금이라도 힘든 일이 생기면 겁을 먹고 만다.

세상에 대한 두려움을 청년들은 분노로 위장한다. 그들은 어릴 적부터 왕처럼 대우 받고 자라 웬만한 일자리는 눈에 차지도 않고 고통을 감내하면서까지 노력할 필요가 없다고 생각한다. 그래서 세상이 그들의 마음을 몰라준다며 분노하고, 청춘이 너무 아파서 죽을 것 같다며 징징대는 것이다.

가정에서 서열상 가장 상위에 있는 자식은 어릴 적 밥을 먹어도 부모를 위해 먹어준다고 생각하기까지 한다. 밥숟가락 들고 다니며 "제발, 밥 좀 먹어주세요!" 하는 엄마를 보면서, "그래, 내가 한 번 먹어주지." 하고 밥을 먹는다. 공부를 해도 "엄마를 위해 한 번 해주지." 하는 아이도 많다. 미국 명문대에 입학한 한 여학생은 TV에 나와 이렇게 고백했다. "엄마가 하도 들볶아서, 그게 미워서, 오기가 나서 엄마의 소원이 그것이라면 그래, 그 소원 들어줄게." 하고 이를 악물고 공부를 했다고 한다. 그렇게 압박을 가한 엄마가 당시에는 미웠지만, 고마웠다는 취지가 아니었다. 엄마에 대한 분노는 여전하며 그런 식으로 아이에게 압박을 가하는 것이 과연 옳은 것인지 여전히 의문이라고 말했다.

아이가 청소년기를 거치면서 스스로 일어설 준비를 해야 하지만 그 과정이 생략된다. 먹은 밥그릇 하나도 자기 손으로 치우지 못하고, 방 정리조차 못하는 아이가 수두룩하다. 해야 할 일들을 누군가 대신 해주는 것이 당연하다고 여긴다. 공부만 잘하면 되는 줄 알고, 그 공부 역시 부모를 위해 하는 것으로 여기고, 공부 못하는 인간은 인간도 아니라고 생각하는 괴물 같은 아이로 자라는 것이다. 대학을 졸업하고도 부모 곁을 떠나지 못하고 헬리콥터처럼 맴돈다. 제 마음에 쏙 드는 일자리가 없으면 유학을 가든지 상급학교에 진학하는 것이 낫다고 생각한다. 물론 형편이 넉넉지 않아 죽을 고생을 해 가며 아르바이트로 학비를 벌어야 하는 고단한 청춘도 많다. 하지만 "아르바이트 해 봤자 몇 푼이나 번다고." 하면서 부모한테 용돈을 받으며 자신의 미래를 유예하는 청춘도 많다.

어찌하여 취직을 했다 해도 부모에 대한 의존성을 벗어던지지 못한다. 회사에서 상급자나 동료와 갈등이 생기거나 일이 마음에 들지 않으면 부모한테 일러바친다. 귀한 자식으로부터 볼멘소리를 들은 그 부모는 득달같이 전화를 걸어 "당신이 뭔데 우리 아들을 힘들게 하느냐? 당장 다른 부서로 옮겨 달란 말이야." 하고 떼를 쓰기도 한다. 학교일로 조금만 징징대면 바로 학교로 쳐들어가 교사에게 항의를 하거나 자신의 사회적 지위나 권력을 뽐냈을 그 부모가 이미 성인이 된 자식에게도 여전히 그런 짓을 하는 것이다. 이렇게 어린아이처럼 철없는 챌러리맨(Chalaryman, Child+Salaryman)들 때문에 회사 상급자들이 골머리를 앓는다.

아버지들은 자식을 낳아 기르며 열심히 일해 돈을 벌어 나른다. "이것밖에 못 벌어 오냐?"는 구박을 들으면서도 "다 자식 위한 일인데…"라며 묵묵히 그 수고를 감내한다. 하지만 엄마와 자식 간의 친밀함은 상대적으로 아버지를 소외시킨다. 남편에 대한 환상을 일찌감치 접은 아내는 자식에게 희망을 걸고 인생을 건다. 자식의 성공을 위해서라면 남편의 희생은 아무것도 아니라고 여긴다. 성인이 되어도 엄마품을 떠나지 못하는 자식을 보면서 엄마는 여전히 쾌감을 느낀다. 삶의 이유이자 희망인 자식이 여전히 자신의 손길을 필요로 한다는 사실이 그저 감격스러울 뿐이다.

아버지에 대한 어머니의 대우와 인상이 자식에게 고스란히 반영된다. 어느 집안에 성정이 드세고 기운이 괄괄한 아내가 있었다. 아내는 남편을 우습게 알고 함부로 대했다. 놀랍게도 남편을 폭행하기도 했다. 마음 약한 남편은 아내로부터 모진 구박을 받으면서도 별다른 저항을 하지 않았다. 아이들도 그런 아버지를 무시하고 얕보았다. 형제끼리 입을 맞추어 아버지를 비웃는 노래를 부르기까지 했다.

극단적인 사례이긴 하지만, 부모가 서로를 어떻게 대우하느냐에 따라 아이들이 부모를 대하는 태도가 달라진다. 부부가 서로를 존중하면 아이들 역시 그 부모를 존중한다. 만약 아내가 남편 보기를 돌같이 하고, 돈이나 벌어오는 머슴 정도로 대하면 아이들 역시 아버지를 그렇게 대한다.

남편은 예전처럼 아내로부터 대우받지 못한다. 아내가 원하는 만큼 돈을 벌어다주지 못하기 때문이다. 인격적으로 아무리 명예로운 일을 하더라도 돈을 많이 갖다주지 않는다는 이유로 머저리 취급을 당하기도 한다. 그런 아내의 태도가 그대로 아이에게 이어진다.

아내가 "무능한 아빠처럼 살지 않으려면 공부를 열심히 하란 말이야!" 라고 아이에게 말을 한다면, 아이는 자신의 아버지를 무능하다고 생각한다. 평생 남편에게 수고했다, 고맙다는 말을 하지 않으면 아이도 아버지가 고마운 존재라는 걸 알지 못한다.

요즘은 남자가 명예롭게 살기가 힘들다. 사회적 지위가 그럴듯하고 인격적으로 훌륭한 사람이 위장전입이나 부정한 돈을 받아먹었다는 사실이 들통 나 망신당하는 것을 종종 볼 수 있다. 당연히 본인의 잘못이긴 하지만 검은돈의 유혹에 빠지고 위장전입 같은 잘못을 저지를 수밖에 없었던 것은 아내의 처신 때문일 수 있다. 자녀교육을 이유로 들어 남편을 부정한 짓을 저지를 수밖에 없는 상황으로 내몰았을 가능성이 높은 것이다. 자식에게 올인하는 아내, 그런 엄마에게 의존하는 캥거루자식, 엄마와 자식 간의 강력한 유대에서 소외되는 아버지. 대한민국의 수많은 아버지, 남편이 그렇게 왕따를 당한다.

기러기아빠는 가족에서 소외되는 아버지의 전형이다. 자식 공부와 성공을 위해서라면 아버지 홀로 남아 라면이나 끓여 먹어도 된다고 생각한다. 당하는 아버지 역시 그 정도는 충분히 감내할 만한 가치가 있다고 여긴다. 하지만 수많은 기러기아빠는 고통스러워한다. 젊은 아버지라면 기러기아빠라해도, 청춘이 지나간 지 오래된 기러기는 그저 독거노인일 뿐이다.

눈에서 멀어지면 마음에서 멀어진다는 말을 기러기 신세가 돼 본 남편들은 실감한다. 아내에게서 느껴지는 심리적 거리감 때문에 홀로 괴로워해야 하는 것도 예기치 못한 불행이다. 때가 되면 돌아올 줄 알고 참고 견뎌보지만 돌아올 줄 모르고, 아예 눌러살 태세를 한다. 그렇다고 이혼도 하지 않는다. 이혼하게 되면 꼬박꼬박 주는 돈을 받지 못하기 때문일 것이라고, 짐작만 할 뿐 확증은 없다. 기러기는 그저 쓸쓸할 뿐이다. 그 고통을 견디다 스스로 삶을 마감하기도 한다. 기러기아빠는 남편과 아버지의 희생을 당연시하는 대한민국 사회의 비극적 단면이다.

남자를 슬프게 하는 것들

수많은 대한민국 국민이 우울증을 앓고 있다. 집단 우울증이다. 여성들은 세계에서 유일하게 대한민국 여성들에게만 생긴다는 화병을 갖고 있다. 그 때문인지 OECD 국가 중 자살률 1위다. 소수만이 희희낙락할 뿐, 대다수는 슬프다. 무엇이 우리를 슬프게 하는 것일까?

"울고 있는 아이의 모습은 우리를 슬프게 한다."

정원 한구석에서 발견된 작은 새의 시체 위에 초가을의 햇빛이 떨어졌을 때, 대체로 가을은 우리를 슬프게 한다. 그래서 가을날, 비는 처량히 내리고 그리운 이의 인적은 끊어져 거의 일주일이나 혼자 있게 될 때. 아무도 살지 않는 옛 궁성, 그 고궁의 벽에서 흙덩이가 떨어지고, 창문의 삭은 나무 위에 '아아쎄여, 내 너를 사랑하노라' 하는 거의 알아보기 어려운 글귀가 씌어 있는 것을 볼 때. 숱한 세월이 흐른 후에, 문득 돌아가신 아버지의 편지가 발견될 때. 그 곳에 씌었으되, "나의 사랑하는 아들아, 네 소행으로 인해서 나는 얼마나 많은 밤을, 잠 못 이루며 지샜는지 모른다…."

대체 나의 소행이란 무엇이던가? 하나의 치기어린 장난, 아니면 거짓말, 아니면 연애 사건이었을까. 이제는 그 숱한 허물들도 기억에서 사라지고 없는데, 아버지는 그 때문에 가슴을 태우며 잠을 이루지 못했던 것이다.

동물원에 잡힌 호랑이의 불안, 초조가 또한 우리를 슬프게 한다. 언제 보아도 철책을 왔다갔다하는 그 동물의 번쩍이는 눈, 무서운 분노, 괴로움에 찬 포효. 앞발에 서린 끝없는 절망감. 미친 듯한 순환. 이 모든 것이 우리를 슬프게 한다.

옛 친구를 만났을 때, 학창시절 친구 집을 방문했을 때, 그리하여 그가 이제는 우러러 볼 만한 고관대작의 지위로, 혹은 돈이 많은 기업주의 몸으로, 몽롱하고 우울한 언어를 조종하는, 한낱 시인밖에 될 수 없었던 우리를 보고, 손을 내밀기는 하되 달갑지 않은 태도로 날 알아보려고 하지 않으려 할 때….

안톤 슈나크의 《우리를 슬프게 하는 것들》이다. 여기서 '우리'란 남자들이다. 시대가 다르고 나라가 다르지만, 남자들의 쓸쓸함이란 크게 다르지 않다. 가을이 우리를 슬프게 하는 것은, 우리의 삶이 가을에 접어들었기 때문이다. 게다가 일주일이나 인적이 끊겨 홀로 지내게 되었다면, 쓸쓸하지 않을 수 없다. 하지만 일주일이 아니라 그보다 더 긴 시간 동안 홀로 있어야 할 수도 있는 게 인생이다. 슬프지 아니한가.

철없는 아들 때문에 번민했던 아버지의 모습을 생각하면, 또 슬프다. 하지만 이제는 내가 아버지가 되어 철없는 아들 때문에 불면의 밤을 새운다. 슬픔이 두 배다. 내가 아들로서 아버지를 슬프게 했던 것들이 연애질이나 치기 어린 장난이었고, 지금의 나도 아들의 그런 문제로 억장이 무너진다. 넝쿨째 굴러온 슬픔이다.

우리에 갇혀 안절부절못하고 포효하는 호랑이의 모습이 지금의 내 신세와 어찌 그리 똑같은지. 초원을 누비며 자유를 만끽하는 야수 호랑이처럼 그렇게 훨훨 세상을 날고 싶은데, 그놈의 직장은 무엇이며 그 호랑이 같은 마누라는 또 무엇이며, 그 연약한 자식새끼들은 또 무엇인가. 호랑이의 번쩍이는 눈은 고사하고 일과 사람에 지치고 절어 동태눈처럼 흐리멍덩해져만 가는 나의 눈이란! 슬프지 않을 수 없다. 옛 친구였으나 지금은 달갑지 않은 태도로 날 알아보려 하지 않는 고관대작은 누구인가. 한때 우정을 예찬하고 정의로운 삶을 살자고 약속했던 어린 시절의 친구들 중 누구는 고시 패스해서 고관대작이 되고, 누구는 돈 많은 기업주가 되어 거들먹거리는데, 별 볼 일 없는 내 꼴은 또 뭔가. 슬프고도 슬프다.

중년의 부장이 신세대들과 어울려 셔플댄스를 추는 장면을 담은 TV 광고가 있었다. 부장이 책상 뒤에 숨어 열심히 춤 연습을 하고 이를 엿보는 직원들은 키득댄다. 광고는 부장이 부하 직원들과 어울려 흥겹게 춤을 추는 장면으로 끝난다.

"아아, 웃고 있어도 눈물이 난다"는 조용필의 노랫말이 있다. 이걸 두고 하는 말이다. 회사를 다녀본 사람들은 안다. 그 부장이라는 자리가 어떤 것인지를. 해보면 별것도 아닌 자리인데도, 아무나 그 자리에 오르는 게 아니다. 간 쓸개 다 빼고, 지문이 닳도록 손바닥을 비비고, 때로는 비굴하게 때로는 야비하게, 가혹한 모멸의 세월을 견디지 못한 자는 결코 오를 수 없는 자리가 그 자리다.

갓 입사한 신입들에게 부장은 부담스러운 존재다. 할아버지도 아닌 것이 아버지도 아닌 것이 그렇다고 삼촌이나 형은 더더욱 아닌, 참으로 상대하기 난감한 기묘한 존재다. 결재서류에 초점을 맞추느라 앞뒤로 고개를 마구 흔들어대고, 행여나 같이 밥 먹으러 가자고 할까 봐 눈 맞추는 것이 겁이 나는 벽 같기도 하고 산 같기도 한 아무튼 가슴 먹먹하게 하는 이상한 존재다. 부장들은 안다. 저 역시 새파랗던 시절 그런 생각을 했고, 세월이 무심하게 흘러 어느덧 자신도 청춘들이 부담스러워 하는 존재가 돼버렸다는 것을. 마음은 여전히 봄 햇살 가득한 캠퍼스에 머물러 있지만 머지않아 지하철 경로석이 반가워질 때가 오리라는 걸 안다. 무엇보다 어린 부하 직원들이 자신과 놀고 싶어하지 않는다는 사실을 안다. 모르면 바보다.

젊을 때에는 늙수그레한 부장으로부터 이런 말을 듣는다. 너도 부장 돼봐라. 이게, 너도 자식 낳아 봐라, 하는 소리와 똑같다. 자식 낳아 보지 않으면 절대 부모 마음 모른다. 그처럼 부장이 되어 보지 않고서는 결코 부장 마음 모른다. 귓등으로 흘려들었던 그 말이, 부장이 되고 나서야 뒤통수를 후려친다. 아, 왕따구나.

그래, 왕따 아닌 왕따를 당하는 부장은 두 가지로 반응한다. 하나는 '그래도 내가 부장인데, 까불면 가만두지 않겠어.' 하며 권위로 콱 눌러버리려는 부장이다. 다른 하나는 '왕따 안 당하려면 어린아이들 비위 맞춰야지, 비위 맞추는 게 내 특기인데 뭐.' 하며 긍정적인 방향으로 생각하는 부장이다. 젊은 부하 직원들과 어울려 신세대 춤을 추는 광고 속 부장이 두 번째에 속한다.

광고 속 부장이 밝고 긍정적인 성격을 가졌다 하더라도 그 모습에 웃고 있어도 눈물이 나는 것은 연식이 오래된 몸으로 춤까지 춰가며 아랫것들 비위 맞추고, 그래서 젖은 낙엽처럼 딱 들러붙어 잘리지 않고 하루라도 직장생활을 더 해먹겠다는 보통의 말년 직장인들의 서글픈 현실, 그 이상도 그 이하도 아니기 때문이다.

늙은 늑대가 존경받는 것은 먹이를 뒤쫓아가서 그것을 죽일 수 있는 동안뿐이라고 하지 않았던가. 늙은 늑대가 노루를 잡으려다가 실패한 날이 그의 최후의 날이라 했다. 이가 빠진 늙은 늑대가 젊은 늑대에게 물려 죽지 않으려면, 재빨리 무리에서 도망치는 수밖에 없다. 한때 무리를 이끄는 대장이었던 늙은 늑대는 그렇게 들판을 떠돌다 쓸쓸하게 죽는다. 그게 늑대의 삶이고 우리의 삶이다. 춤마저 못 추게 되면 그나마 그 직장도 끝장일지 모를 부장님들. 이 또한 슬프지 아니한가.

밀크커피와
담배 한 대

회식자리가 무르익자 김 과장의 넋두리가 이어진다. "글쎄, 마누라가 아침에 김치볶음밥을 만들고는 먹고 가라고 고집을 부리지 뭡니까. 술 먹은 다음 날 아침에 김치볶음밥이라니 말이 됩니까?"

박 부장, 열이 확 받는다. "이놈의 자식이 또 염장 지르고 있네. 이게 지금 마누라 자랑이라고 하는 거야, 흉이라고 지껄이는 거야?" 아침에 김치볶음밥은커녕 마누라가 떠주는 냉수 한 그릇도 제대로 마셔 본 적이 없는 박 부장이다. 결혼 15년째 박대식 부장, 그의 사전에 마누라가 차려주는 아침밥은 없었다. 밥은 고사하고 아내가 먼저 일어나는 꼴을 본 적이 없다. 신혼 땐 아침 잠 많은 아내일망정 그저 귀엽고 예쁘기만 했고 까짓것 아침밥 안 먹는다고 젊은 놈이 비명횡사할 것도 아니었다. 아침 출근길 배 속이 비록 비었어도 간밤의 달짝지근한 침실 생각에 배고픈 줄도 몰랐다. 회사에 출근하자마자 자판기 밀크커피 한 잔에 담배 한 대 쪽쪽 빨고 나면 세상이 다 내 것 같았다.

패기. 젊은 놈이 패기 하나면 뭘 못하겠느냐는 굳은 신념이 있었다. 아침밥 정도에 연연할 내가 결코 아니며, 아침을 먹지 않고도 얼마든지 승승

장구 출세는 물론 가정에서도 멋진 가장이 될 수 있다고 다짐했다. 당시 대리였던 그는 아침은 못 먹는 게 아니라 자신의 의지에 따라 안 먹는 것이라 생각했다. 아내를 귀찮게 하지 않기 위해 기꺼이 아침밥을 건너뛰는 자신이야말로 사나이 중의 사나이라 여겼다. 아침밥 꼬박꼬박 먹고 다니는 인간들 인생이 되레 구차해보였다.

때와 장소를 가리지 않고 열정을 쏟아 부은 덕에 아내의 배 속에 새 생명이 들어앉았다. 그는 좋아라하며 개다리 춤을 추었다. 그는 기뻐 날뛰며 아내에게 여태껏 그래 왔듯이 아침에 절대 일찍 일어나지 말라고 했다. 아내는 여태껏 그래왔듯이 남편보다 일찍 일어나는 일이 결코 없었다. 그의 아침 출근길 배 속은 여전히 허전했고, 출근길 지하철은 여전히 콩나물시루 같았다. 헐레벌떡 도착한 사무실에서 자판기 밀크 커피를 뽑았고, 변함없이 담배 한 대를 쪽쪽 빨았으며 곧 태어날 자식 생각에 절로 입이 벙긋 벌어졌다.

마침내 아이가 태어났고 손가락, 발가락 모두 열 개씩 가지런히 붙어 있는데다 신생아실에 올망졸망 누워 있는 아기들 중 자신의 아이 코가 가장 오뚝하다는 사실에 눈물이 날 지경이었다. 무엇보다 그놈이 가운데 고추를 턱 달고 있다는 사실에, 그동안 조상들 제사 빠짐없이 정성들여 꼬박꼬박 잘 모신 보람이 있었다는 생각이 들었고, 돌아가신 할아버지, 할머니, 아버지 얼굴이 마구 떠올라 가슴이 먹먹했다. 그는 아내에게 감격적인 표정으로 이렇게 말했다. "당신 아기 돌보는 것도 힘든데, 아침에 절대 나보다 일찍 일어나지마! 우리한테 아들이 가장 우선이야. 딴생각할 거

없어." 아내는 늘 그래왔듯이 남편보다 일찍 일어나는 일이 없었고 그의 출근길 배 속에선 늘 그래왔듯이 꼬르륵 소리가 나기 일쑤였다. '2년 가까이 빈 속으로 다녔으면 적응할 만도 한데, 왜 끊임없이 배가 고프지?' 그는 재빠르게 환경에 적응하지 못하는 자신의 배 속을 이해하기 어려웠다.

유감스럽게도 어린 아들은 낮과 밤이 뒤바뀌어 있었다. 낮에는 새근새근 잘 잤지만 밤이 되면 올빼미처럼 눈이 말똥말똥해져 마구 울어대기까지 했다. 이 바람에 아내 역시 낮에는 아이와 함께 새근새근 잤으며 밤에는 눈을 치켜뜨고 결코 잠드는 법이 없었다. 희한하게도 새벽이 밝아오고 남들 아침밥 짓는 시간이면 어김없이 혼수상태로 빠져들었으며 남편보다 일찍 일어나지 않는다는 그동안의 습관이 아주 자연스럽게 이어졌다.

그의 출근길 배 속이 여전히 비어 있었던 것은 말할 것도 없고, 밤새 울어 젖힌 아이 안고 흔드느라 잠을 못 잔 바람에 눈꺼풀이 가마때기처럼 내려앉았다. 헐레벌떡 도착한 사무실에서 자판기 밀크커피와 담배 한 개비로는 도무지 잠이 깨지 않아 거푸 두 개비를 피워야 했고 그러고 나면 정신이 혼미해졌다. 그래도 "아, 이게 사람 사는 맛이구나. 아들을 위해 열심히 살아야지!" 하며 두 팔을 앞뒤로 세 번 휙휙 휘저은 다음 큰 호흡 한 번 하고 두 눈에 힘을 콱 주며 결의를 다졌다. 대식 씨의 다짐에 화답이라도 하듯 배에서 꼬르륵 소리가 났다.

아이가 비온 날의 죽순처럼 무럭무럭 자라면서 낮과 밤이 바뀌는 버릇이 없어졌고, 밤에는 온 식구가 평온하게 잠을 잘 수 있게 되었다. 하지만 아내는 몇 년간 다져진 아침 기상시간을 바꾸는 것은 남북통일보다 더 어렵다 했고, 그는 "그래, 아들만 잘 키우면 그만이야 걱정하지 마!" 하며 아내의 어깨를 두드려주었다. 남편의 너그러움에 감동한 아내는 밤이면 누가 업어 가도 모를 만치 달디단 잠을 잤으며 그럼에도 남편보다 일찍 일어나는 모습을 결코 보여주지 않았다. 그의 출근길 배 속은 늘 그랬듯 비어 있었고 헐레벌떡 도착한 사무실에서 밀크커피 후 담배가 연속 세 개비로 늘어났다.

그도 어느덧 과장이 되었고, 아래로는 추상 같이 부하들을 다스리고 위로는 이눈치 저눈치 다 보면서 상사 비위 맞추는 데 도가 트여 갔다. 다른 동료들이 아랫것들 마구 짓밟으면서 윗사람한테 굽실 머리를 조아리는 그를 자전거인간이라고 쑥덕거렸지만, 그는 눈 하나 깜짝하지 않았다. 업무가 많아져 신경 쓰고 챙길 것이 늘어나면서 머리에 쥐가 나고 어깨는 돌덩어리에 맞은 듯 쑤셔댔지만, 회사의 중간간부로서의 무한한 자부심과 가장으로서의 사명감이 있었기에 그까짓 것쯤 아무것도 아니라고 여겼다. 출근길 배 속은 여전히 비어 있었지만 그것이 풍선처럼 빵빵하게 부푼 그의 자부심을 꺾지는 못했다.

늘 아침을 먹지 못했다. 아침 먹겠느냐 소리는 일 년에 두세 번 듣긴 했다. 집을 나서는 순간, 아내가 뒤통수에 대고 "밥 안 먹고 갈 거야?"라고 할 때가 있었던 것이다. 아내는 팽창한 오줌보의 고통을 견디지 못하고 할 수 없이 일어나 화장실에 가야 했으며, 마침 집을 나서는 남편이 눈에 띄자 하나 마나 한 소리를 한 번 해보는 것이었다. 아내의 부스스한 얼굴에는 빨리 침대로 되돌아가야겠다는 열망만 넘쳐 흐르고 있었다.

그렇다고 아내가 저녁을 잘 차려 주는 것도 아니고, 라면 하나 끓여주는 일도 없었다. 밤늦은 시간 배 속이 허전하다 싶으면 그는 부엌으로 가 라면을 끓였다. 라면 끓여 달란 소리 한 번 했다가 빽 소리를 지르는 아내의 표정을 본 순간 오만정이 다 떨어졌고, 그 이후 라면 끓이는 일 따위는 당연히 자신의 몫이라 여겼다.

그가 라면을 뽀글뽀글 끓인 다음 젓가락으로 휘저어 입으로 넣는 순간, 어김없이 아내의 젓가락이 치고 들어왔다. 맛이나 좀 보자며 아내가 머리를 드미는 통에 그는 입에 반쯤 말려든 라면 가닥을 제대로 수습하지도 못한 채 황급히 머리를 뺄 수밖에 없었다. 몇 차례 후루룩 소리가 들리고 냄비에 코를 박았던 아내의 머리가 원위치를 하고 나면, 냄비에는 국물만 찰랑거리고 건더기 몇 조각이 몸뚱이 잘린 지렁이처럼 꼬물대고 있었다.

아내는 음식을 만들고 내놓는 동작은 나무늘보 같았지만 먹을 때만큼은 비호가 따로 없었다. 그는 남자가 치사하게 라면 가지고 얼굴 붉히기도 뭣해서 국물마저 다 드시죠, 라며 냄비를 넘겨주고 다시 라면을 끓이는 수고를 감내해야 했다. 그래서 그는 라면을 끓일 때마다 오늘도 잡수시렵니까, 하고 아내에게 물었다. 다섯 번 물은 적도 있었다. 물을 때마다 아내는 고개를 좌우로 흔들며 절대 안 먹는다고 했다. 하지만 결과는 마찬가지였다. 맛이나 좀 보자!

전날 밤 술을 마구 퍼 마신 탓에 속이 부글거리던 대식 씨. 출근길 지하철에서 갑자기 뒤가 급해졌다. 지각하지 않으려면 버티고 가야했다. 하지만 혈압이 급상승하면서 가슴이 마구 뛰고 호흡이 곤란할 지경이 되자, 하는 수 없이 중간에 뛰어내리고 말았다. 땀을 삘삘 흘리며 무작정 걸었다. 10미터가 천리길처럼 아득하게 느껴졌다. 끙끙거리며 종종걸음을 치는데, 총 쏘는 모양을 한 손가락 그림이 보였다. 손가락은 불행하게도 그가 죽을힘을 다해 걸어가고 있던 방향의 반대쪽을 가리키고 있었다. 손가락 그림 밑에 '화장실 전방 150미터'라고 씌어 있었다. 순간 혈압이 확 솟구쳤다. 흡~ 숨을 한번 들이쉰 다음 잽싸게 반대방향으로 몸을 돌렸다. 뛰면 흘러 버릴 것 같아 오리처럼 종종걸음을 치는데, 손가락 그림이 다시 등장했고 '화장실 전방 30미터'라는 글자가 선명하게 들어왔다. 절체절명의 순간, 화장실 문 앞에 도착했다. 앗! 그런데 화장실 입구가 흰색 테이프로 둘러 있고 흰색 종이에 '공사 중'이란 글자가 또렷했다. 좌절금지라고 했던가. 좌절하지 않고 인근 소방서 화장실에서 겨우 위기를 넘기긴 했지만 지각을 하고 말았다.

그날 이후 아침 출근길이 더욱 피곤하게 느껴졌고 회사에서 기운이 뚝뚝 떨어지는 것 같았다. 그는 생각했다. 이래서는 안 될 것 같다. 뭘 좀 먹어야 할 것 같다. 보약 먹을 형편은 안 되고 어쩐다. 그래, 밥이야 밥. 한국 사람은 밥심으로 산다고 하지 않았던가. 내일부터 아침밥을 꼭 챙겨 먹고 나와야겠다.

그날 저녁 그는 회사가 끝나기 무섭게 집으로 달려갔다. 마침 퇴근시간에 맞춰 아내한테 전화가 걸려 왔다. 지금 출발하면 8시 30분에는 집에 도착할 수 있다고 말했고 아내는 알았다며 전화를 끊었다. 역시 콩나물시루 같은 지하철로 집에 도착한 그는 후다닥 씻고 맛있게 저녁을 먹은 다음 분위기 봐서 내일부터 아침밥 좀 먹고 싶다고 말할 참이었다.

하지만 그가 집에 들어섰을 때 아내는 남편을 힐끗 한 번 바라볼 뿐. 그가 샤워를 마치자 TV 속 느린 화면처럼 아내는 부엌으로 향했으나 한 시간이 지나도록 밥 먹자는 소리가 없었다. 부엌에선 연기가 자욱한 가운데 고소한 냄새가 났으며 달그락달그락 그릇 부딪치는 소리가 요란했다. 분명 근사한 상을 차리나 보다 싶어 고픈 배를 움켜쥐고 꾹 참았다. 더는 못 참겠다 싶을 즈음 아내는 저녁 먹자, 우렁차게 소리쳤고 그는 졸음에 겨워 축 늘어진 어린 아들을 깨워 식탁으로 갔다. 식탁에는 늘 먹던 김치 쪼가리와 꽁치 두 마리가 전부였다. 혹시나 하고 기대를 했던 그는 그러면 그렇지 내 복에 무슨. 속말을 하는 데 왠지 서글펐다.

이 꽁치들은 왜 하필 우리집에 와서 온몸을 불살라 가지런히 누워 있는가. 그는 꽁치 꼬락서니가 자신의 신세를 은유하는 것 같아 먹기가 싫어졌다. 아침밥을 먹고 싶다는 말도 퍼석하게 입안에서 헛도는 꽁치와 함께 조근조근 되새김질하다 꿀꺽, 속으로 삼키고 말았다.

그는 말년 과장을 무사히 마치고 삼수 끝에 간신히 부장으로 진급했다. 여전히 빈속으로 출근했고, 아침밥 대신 마시던 자판기 밀크커피는 포기하지 않았고 체력이 달린다며 담배를 한 개비로 줄였고 떠먹는 요구르트를 배달시켜 먹었다. 아내는 여전히 남편보다 먼저 일어나는 법이 없었으며, 월드컵 때 히딩크가 여전히 배고프다고 말했을 때, 그는 '절대 공감, 나도 그래!' 라며 혼잣말을 했다.

연극 〈품바〉에서 거지 왕초 주인공이 '세상에서 가장 빨리 오는 것이 배고픔이고 가장 아름다운 일이 배고픈 사람에게 베푸는 것'이라고 했다. 연극을 보면서 참으로 옳다며 무릎을 탁 쳤던 그는, 자신은 거지처럼 헐벗고 굶주리는 것도 아닌데 왜 만날 속이 허허로울까 생각했다. 식(食)구(口)란 함께 밥을 먹는 사람이란 뜻 아닌가. 도란도란 함께 밥을 먹는 것이 식구인데 그런 기억이 그에게는 별로 없었다.

남태평양의 바나타이족은 미혼의 청춘남녀가 잠자리를 함께하는 것에 대해선 서로 책임지지 않지만 아침에 밥을 함께 먹으면 결혼으로 인정된다고 한다. 스리랑카에선 여자가 남자를 위해 요리하는 것이 들키면 그 여자는 곧 그 남자와 결혼한 셈이다. 여자가 남자를 위해 더 이상 요리를 하지 않는다면 그 결혼은 끝난 것으로 인정되었다.

이 사람들 관습으로 치자면 대식 씨 아내는 아내도 아니고 결혼도 이미 끝난 것이나 다름없다. 그는 훌러덩 벗고 야자수 그늘 아래 낮잠이나 자고, 배가 고프면 바나나나 야자수를 따 먹거나 한가롭게 물고기나 잡으면서, 가족들과 오순도순 정겹게 사는 남태평양 섬나라 남자들이 그저 부러울 따름이다. 세상 헛살았다는 생각에 볼이 옴폭 들어가도록 담배를 쭉 빨아보지만, 그마저 기력이 달리는지 하늘이 뱅뱅 돌았다.

1년 365일 부상병동

용호 씨는 어릴 적부터 이름이 호방하다 하여 크게 될 인물이란 소리를 많이 들었다. 용(龍)과 호랑이(虎)를 한데 붙였으니 이름으로 치자면 세상에 무서울 게 없었다. 무릇 사내는 호랑이처럼 용맹하고 용처럼 늠름해야 한다며 할아버지가 어깨너머 배운 글공부 실력을 십분 발휘해 지어준 것이다. 그래서인지 대학 졸업 때까지 얻어터져 본 적이 없고 가끔 침 뱉는 녀석들 손도 좀 봤으며 그런대로 인기도 괜찮았다. 성적은 용이나 호랑이만큼은 아니어도 이리나 하이에나 정도는 되어 공부 좀 한다는 친구들과 섞일 만큼은 됐다. 비가 오나 눈이 오나 거르지 않고 학교에 꼬박꼬박 다니는 성실한 학생이었다. 남을 해코지하거나 속이는 일 없이 정직하고 진실되게 살려 노력했고 덕분에 썩 괜찮은 친구라는 소리도 들었다. 대학 졸업 후 큰 고생 없이 원하는 대기업에 들어갔고 소박하지만 안정된 삶에 큰 불만 없이 하루하루 열심히 살아 왔다.

용호 씨는 죽기 살기로 따라 다닌 끝에 지금의 아내와 결혼했다. 결혼 전 아내를 처음 본 순간, 호랑이와 용의 용맹과 기상은 오간 데 없이 사라지고 고양이 앞의 쥐처럼 자신이 초라하게 여겨질 뿐이었다. 세상에 저런 천사가 다 있었나 싶은 게, 가슴이 제멋대로 마구 방망이질을 해대는 통에 '아, 이것이 사랑의 힘이구나.' 생각하며 들숨과 날숨을 적당한 간격으로 조절하며 마음을 진정시켰다. 자신의 이름대로 그녀를 단숨에 제압하고 확 품어버려야 하지만 어찌된 일인지 그녀 앞에만 서면 오금이 저렸다. 그녀와 마주할 때마다 얼굴이 붉어지고 호흡이 가빠져 꼭 낮술 먹은 사람처럼 보였다.

호랑이와 용의 기상은 꼭꼭 접어 두고 진드기 작전으로 그녀에게 올인했고 죽을 때까지 노예처럼 살겠다는 각오를 거듭 밝힌 끝에 결혼할 수 있었다. 결혼 후 그는 사내란 가장으로 위엄이 있어야 집안이 탈 없이 잘 굴러갈 것이라 여겼다. 해서 결혼 전부터 습관처럼 다져진 아내 눈치 보기를 하루빨리 마감해야 한다고 결심했다. 하지만 그게 생각대로 잘되지 않았다. 무슨 일이든 아내의 의견이 우선이지, 괜히 이건 내 생각인데 하고 나섰다가 아내로부터 핀잔을 듣기 일쑤였다. 어쩌다 이건 아닌데 싶어 한마디 하고 싶다가도 아내의 두 눈이 가자미처럼 한데 모아지는 느낌이면 바로 꼬리를 내렸다. 가끔 술기운을 빌어 내 의견이랍시고 들이밀어 보았지만 번번이 복수의 칼날이 날아들었다.

한번은 아예 술을 왕창 퍼 마시고 집에 들어간 그는 무슨 문제인가를 두고 아내의 심기를 건드렸다. 아내는 두 손을 호랑이 발처럼 치켜세운 다음 비수처럼 날카로운 손톱을 마구 휘둘러 용호 씨의 온몸을 난도질해버렸다. 온몸이 피멍으로 물들고 손톱자국이 문신처럼 현란하게 새겨졌고, 그로부터 무려 석 달 동안 대중목욕탕에 가지 못했으며 가끔 솟구치는 욕망에 카드 할부로 들렀던 마사지 숍은 엄두가 나지 않았다.

그날의 충격으로 마음이 갈기갈기 찢긴 그는 용호라는 이름을 지어 준 조상 뵐 면목이 없었고 개명이라도 하고 싶었다. 호랑이와 용의 용맹과 기상은 자신이 아니라 아내에게 더 어울린다는 사실을 깨달았다. 구슬(玉) 같고 경치(景)가 있는 옥경이라는 아내의 이름이 얼마나 부조리한지 놀라울 따름이었다. 옥같이 아름다운 경치라니, 말도 안 된다. 용호 씨는 아내의 날 세운 손톱을 상상하면 소름이 돋았다. 도대체 누가 이런 여인에게 이토록 아름다운 이름을 지어줬는지 도무지 이해할 수 없었으며 7대 불가사리에 추가해도 마땅하다고 여겼다.

그를 더욱 놀라게 한 것은 아내의 전투력이 나날이 진화한다는 데 있었다. 아내는 이미 오래전부터 남자의 급소를 가격하거나 치명적인 외상을 입히는 특수훈련을 받은 것처럼 기막힌 정밀 타격을 가해 왔으며 그는 처참하게 무너져 내렸다. 얼굴이면 얼굴, 팔뚝이면 팔뚝, 목덜미면 목덜미, 그녀의 공격 목표가 어디든 정확하게 손톱이 날아들었고 미리 손톱을 갈아 놓은 듯 상처는 깊고 선명했다. 아내는 손톱자국의 위치와 깊이, 심지어 튀기는 피의 양까지 자유자재로 조절하는 것처럼 보였다. 가히 손톱의 달인이었다. 그는 외마디 비명을 지르며 방바닥에 뒹굴었는데, 이를 놓칠세라 아내는 발뒤꿈치를 바짝 당겨 들고선 절구방아 내려찍듯 그의 아랫배를 콱 내려찍었다. 용의 눈알에 점 찍기, 화룡점정. 아주 짧지만 강렬한 전투의 마침표를 그렇게 찍었던 것이다.

아이가 태어나고 무럭무럭 자라면서 그는 이제 남편으로서가 아닌 아이들의 아버지로 최소한의 자존심은 지켜야겠다고 다짐했다. 하지만 아내는 그의 이런 소박하지만 간절한 소망에 손톱만큼도 귀 기울이지 않았고 틈날 때마다 그의 기를 꺾어놓았다. 분위기가 이상하다 싶으면 용호 씨는 자리를 피하려 하는데 희한하게 꼭 그때 어린 것들이 무슨 일인가 싶어 제 방에서 튀어나오는 게 아닌가. 이때 아내는 갑자기 두 얼굴의 사나이처럼 분노가 극에 달하는 듯 손톱을 세우며 남편에게 가차 없이 공격을 퍼부었다. 아내는 갑자기 등장한 응원단 덕에 전의가 불타오른 것처럼 무술 고수의 시범을 보여주겠다는 의욕이 솟구쳤다. 나름 방어기술을 연마한다고는 했지만 아이들 앞에서 차마 맞대응을 하지 못해 더욱 공세에 밀릴 수밖에 없는 그는 악 소리 한 번 못하고 번번이 당하고 말았다.

아버지로서의 체면은 피 튀기며 날아간 살점과 함께 오간 데 없었다. 그래도 분이 안 풀린 아내는 발뒤꿈치를 번쩍 들고선 절구방아 타법으로 용호 씨의 아랫배를 콱 찍었다. 싸움 끝. 아이들은 기겁하며 제 방으로 숨어들고 거실에는 언제 그랬냐는 듯 정적이 흘렀다.

언제나 눈 깜짝할 사이에 아주 깊고도 처참한 상처를 남긴다. 정말 놀라운 사실은 그가 중요한 비즈니스 미팅의 기회를 잡느냐 마느냐를 앞둔 꼭 그날 이 같은 비극이 벌어진다는 것이다. 몸의 상처와 함께 마음의 생채기가 아물어 갈 즈음 기다렸다는 듯 아내의 공격이 재개됐고 그의 인생은 1년 365일 부상병동이었다.

우리집에 곰이 있어요

"앗, 곰이다!" 청결 씨는 자신의 두 눈을 의심하지 않을 수 없었다. 분명 내 집이라고 찾아왔는데 곰 한 마리가 어슬렁거리고 있지 않은가. 청결 씨는 다시 한 번 두 눈을 싹싹 문지른 다음 눈동자에 힘을 콱 주며 초점을 잡아 본다. "아, 그럼 그렇지. 깜짝 놀랐네."

심장을 확 오그라들게 만든 곰은 기실 그의 아내였다. 청결 씨는 아내를 곰으로 잘못 본 것이다. 아내는 아이를 낳고 곰처럼 살이 찐 데다 결정적으로 그 파자마가 문제였다. 몇 년 동안 줄기차게 입어 온 파자마는 무릎이 심하게 튀어나왔고 뒤로는 주름이 켜켜이 잡혀 열여섯 개의 계단을 이루고 있었다. 무릎이 꺾인 각도며 굵기가 흡사 곰의 다리를 닮았다. 파자마 색깔마저 붉은 곰의 다리처럼 검붉었다.

사실 청결 씨가 아내를 곰으로 오인한 것은, 곰 다리를 닮은 파자마의 모양보다 아내의 어슬렁거리는 모습 때문이다. TV에서 보면 숲이나 산속 곰이 마을로 내려와 쓰레기통을 뒤지거나 살림살이를 엉망으로 만드는데, 청결 씨는 아내가 마치 그런 곰 같다는 생각이 들었다. 타고날 때부터 정리와 거리가 먼 아내는 뭐 하나 제대로 정리정돈하는 법이 없었다. 안방은 안방대로 부엌은 부엌대로 거실은 거실대로 그야말로 집 안 전체가 쑥대밭 같았다. 청결 씨는 결혼 초 아내가 해보지 않은 일이라 서툰가 싶어 열심히 도왔다. 도왔다기보다 더 주도적으로 살림을 챙겼다. 군대에서 윤이 반들반들 나도록 내무생활을 한 관록이 있는 데다 오랜 자취생활로 터득한 나름의 살림 노하우가 있었던 것이다.

청결 씨가 한 번 들어갔다 나온 부엌은 파리가 미끄럼을 탈 만치 윤기가 흘렀다. 그릇이며 주방기구들이 각을 맞춰 사열식을 갖는 군인들처럼 흠 잡을 데가 없었다. 세탁기에서 건져 올린 빨래는 탁탁 털어 주름 하나 없이 하고, 다 마른 빨래는 주제별로 차곡차곡 정리해 손쉽게 꺼내 입을 수 있도록 했다. 심지어 아내 화장대까지 완벽히 정리해 화장품이 일사분란하게 좌우 열을 맞춰 합창하는 듯 보였고 화장실에는 향기가 날 정도였다.

아이가 태어난 후 치우고 정리할 일이 많아졌는데도 아내의 살림살이는 나아질 기미가 없었다. 집 안 곳곳에 기저귀가 나뒹굴고 부엌, 안방, 거실이며 화장실까지 발 디딜 곳이 없었다. 청결 씨도 점점 회사 일이 많아지면서 집안일을 전처럼 하기 어려웠고 집안은 점점 엉망이 되어 갔다.

어느 순간 청결 씨는 지저분한 집이 싫어져 들어서면 짜증이 나기 시작했다. 아내에게 집 안을 정리하고 청결하게 유지하는 방법을 세세하게 알려주며 시범을 보였지만 아내는 귓등으로 들었다. 아내는 자신이 아니라 청결을 지나치게 강조하는 청결 씨가 문제라고 했다. 청결 씨는 군대에서 내무검사하듯 흰 장갑을 끼고 먼지를 검사한 적도, 한 치의 오차 없이 열 맞춰 그릇을 정리하라고 주문한 적도, 계절별 테마별로 옷가지를 정리하라고 한 적도 없었다. 다만 부엌에서 음식물쓰레기 냄새가 좀 덜했으면 좋겠고, 벗어놓은 옷가지가 여기저기 흩어져 있지 않았으면 좋겠고, 냉장고에서 청과시장 냄새가 안 났으면 좋겠다 싶었다.

청결 씨가 지친 몸을 이끌고 집에 들어서는 순간, 눈앞에 펼쳐진 광경은 마치 허리케인이 휩쓸고 지나간 듯했다. 아내는 늘 곰을 연상케 하는 파자마 바람으로 집 안을 어슬렁거리고 있었다. 안방을 같이 쓰기를 포기한 청결 씨는 자연스럽게 아내와의 동침도 줄었고 부부는 나날이 가까이 하기엔 너무 먼 당신이 되어갔다.

그 지저분한 환경 속에서 죽지 않으려 밥 먹고, 가뭄에 콩 나듯 합방을 한 덕에 둘째 아이가 우람한 모습으로 태어났다. 연년생으로 어여쁜 공주가 또 태어나 합이 셋이 됐다. 청결 씨는 아이가 새로 태어날 때마다 좋아라, 펄쩍 뛰며 죽기 살기로 일하는 한편, 틈만 나면 가사를 챙겼다. 하지만 회사 일은 점점 고달파졌고 집안일 챙기기도 더 힘들어졌다. 늘어난 식구만큼 집안일은 더 많아졌으나 아내의 살림살이는 개선될 기미가 없었다. 아내는 깔끔 떨어봐야 몸만 고달플 따름이고 집 안에 먼지 하나 없이 반질반질하면 복이 들어오지 않으니 대충 사는 게 물질적으로 정신적으로 좋다고 강변했다.

아이들이 자라 저마다 방 하나씩 차지하면서 청결 씨의 방은 없어졌다. 퇴근을 하면 청결 씨는 거실에서 빈둥거릴 수밖에 없었는데, 온갖 잡동사니며 쓰레기들이 굴러다니는 통에 엉덩이 붙일 공간 찾기도 힘들었다. 땀 뻘뻘 흘려가며 거실을 치우고 쓸고 닦은 다음 TV를 켜고 뉴스라도 좀 볼라치면, 아이들 공부하는데 도와주지 못할망정 왜 방해냐며 아내가 소리를 지르는 통에 하릴없이 천장만 바라보아야 했다. 집안에서 늘 마음 갈 곳을 잃어버리는 청결 씨는 퇴근 후는 물론 쉬는 날조차 마음이 편하지 않았으며 자신이 볼품없이 굴러다니는 걸레 조각처럼 여겨졌다.

가정생활은 아이들을 중심으로 꾸려졌고 그 가운데 아내가 있었다. 아이들과 아내는 그들만의 튼실한 울타리를 쳐갔다. 그들이 밥 먹는 시간에 맞춰 식탁에 끼어 앉아야 그나마 한술 뜰 수 있었고 필요한 것은 모두 스스로 챙겨야 했다. 하루는 밤늦게 귀가해 제 손으로 밥을 차려 먹고 있는데 아내가 안방에서 튀어 나오더니 부엌의 전등을 확 꺼 버렸다. 늦게 들어왔으면 고이 잘 것이지. 왜 남의 잠을 방해하느냐는 것이었다.

가끔 식탁에 특별한 음식이라도 오르는 날이면 청결 씨의 설움이 더욱 복받쳤다. 김이 모락모락 나는 갈비며 살이 오동통 오른 생선은 항상 청결 씨의 젓가락질 반경 밖에 놓였던 것이다. 그렇다고 누구 하나 아빠 혹은 여보 하며 청결 씨 쪽으로 접시를 옮겨주지 않았다. 젓가락질 할 때마다 팔을 쭉 펼 수도 없었다. 해서 청결 씨가 엉덩이를 살짝 들어 먼 곳의 접시를 앞으로 슬그머니 당겨보았다. 순간 젓가락 소리가 일시정지하면서 분위기가 싸해지고 아내가 가자미눈으로 청결 씨의 두 눈에 레이저 빔을 쏘아댔다. '이 인간이….'

청결 씨는 식탁을 홀라당 엎어버리고 싶었다. 하지만 그런 식의 분풀이는 제 체면을 더욱 깎을 뿐 아니라 무엇보다 아내가 너 죽고 나 살자로 나올 가능성이 매우 크기에 차라리 참는 게 낫다고 생각했다. 그럴 때는 큰 숨 한 번 쉬고 일어나 버리는 게 상책이었다. 출근길에 당장 신을 양말이 없어 혹시 양말 빨아놓은 것 없냐고 아내에게 물었다가 아침부터 정신 사납게 한다며 무안만 당했다. 그런 날은 전날 밤에 벗어놓았던 양말을 탈탈 털어 다시 신고 나설 수밖에 없었다.

가뜩이나 지저분한 집 안 꼴에 제대로 보살핌도 못 받는 처지라 청결 씨는 집에 들어가기 점점 싫어졌고 원래 좋아하지도 않은 술을 마시느라 밤거리를 헤매게 됐다. 못 마시는 술 마시랴, 늘어만 가는 회사 업무 처리하랴 청결 씨는 나날이 녹초가 되었고 주머니 사정도 갈수록 나빠졌다. 이런 청결 씨를 보고 아내는 술 마실 돈으로 아이들 학원비 내는 게 백 배 값진 일이라며 성화를 부렸다. 친정 식구에게는 청결 씨가 밤이면 술 퍼마시고 다니면서 돈을 물 쓰듯 할 뿐 아니라 그 때문에 집안 분위기가 말이 아니라고 반쯤 우는 목소리로 하소연을 늘어놓았다. 하소연은 항상 이렇게 끝이 났다. “그렇게 술 퍼마시고 밤늦도록 돌아다니니 내가 아무리 좋은 거 챙겨주고 싶어도 챙겨줄 도리가 없다니까 정말!”

돈이 너희를 자유케 하리니

태성 씨에게 어느 날 시련이 닥쳤다. 구조조정으로 회사에서 잘린 것이다. 세상 사람들이 약속이나 한 듯 그를 외면했다. 더욱 충격적인 사실은 아내마저 더욱 싸늘하게 돌아서버렸다는 것이다. 어려울 때 힘이 되어주고 손 내밀어주는 것이 가족이라고 여겼던 그에게 아내의 태도는 충격이었다. 넘어진 사람에게 손을 내밀어주지는 못할망정 "에이. 바보 등신 같은 놈!" 하고 등짝을 콱 밟는 아내의 태도가 도무지 믿기지 않았다. "잘 나갈 때 돈이라도 모아놓았으면 누가 뭐라고 하나, 병신!"

오그라든 그의 가슴에 아내는 대못을 박았다. 3년 가까이 술로 세월을 보내던 그는 차라리 세상을 하직해버릴까 수없이 생각했다. 한강으로 뛰어들까, 자살 사이트에 들어가 여럿이서 죽을까, 아니면 혼자 조용히 수면제를 톡 털어 넣을까, 오만가지 생각이 들었다. 하지만 그중 어느 하나 마음에 쏙 드는 게 없었다. 더욱이 자신이 죽고 나면 아내가 "이 더러운 인간이 보험 하나 제대로 든 것 없이 죽어버렸네!" 하며 펄펄 뛸 걸 생각하니 죽을 기분마저 사라졌다. 소복 차림에 눈물 콕콕 찍으며 남편의 명복을 빌면서 슬픔을 달래는 게 아니라 "이 인간은 살아서도 대책 없더니 대책도 없이 제멋대로 죽어버렸다."고 원통해 할 아내 모습이 눈에 선했다.

그는 지금 죽어 욕을 먹느니 구차하지만 산목숨이 그래도 낫겠다 싶었다. 사실 내 목숨이야 아깝지 않지만 먼저 간 자식 주검 앞에서 슬픔에 잠길 홀어머니와 살고 죽는 게 무엇인지 모르고 단것 주면 좋아하는 어린 새끼들이 눈에 밟혀 통 죽을 맛이 나지 않았다. 살아야 할 이유를 깨달은 그는 홀로 들이키던 술도 끊고 운동을 시작했다. 새벽에 일어나 동네 뒷산을 오르기 시작했다. 처음에는 한 걸음 한 걸음 죽을 맛이었지만 날이 갈수록 다리에 힘이 붙었고 당장 에베레스트에라도 오를 듯 자신감이 넘쳤다.

하늘은 스스로 돕는 자를 돕는다고, 마침 취직이 되었다. 규모가 그리 크지 않은 무역회사였다. 변변한 술친구 하나 없던 그에게 책상과 의자, 전화기에 아침커피까지, 새로 들어간 회사가 한없이 고마웠다. 그래, 열심히 한번 해보는 거야. 아침 저녁으로 다짐했다. 접대 자리에 나가면 사장은 그에게 마구 소리를 질렀다. “이봐, 자네는 말이야. 우리 회사 술상무라고. 술상무면 술상무답게 좀 해보란 말이야! 꿔다놓은 보릿자루처럼 멍청하게 앉아 있지 말고 재빠르게 술도 돌리고 분위기도 팍팍 띄워 보란 말이야!”

그는 허둥대며 술을 따르고 또 마셨다. 사장이 담배를 물면 얼른 불을 붙여야 했고 룸살롱에서 사장의 인상이 콱 구겨지면 얼른 여자 파트너를 바꾸었다. 접대의 하이라이트는 룸살롱 2차였다. 폭탄주로 마구 분위기를 잡은 뒤 파트너들과 함께 마지막 쾌락을 불사르는 것인데, 그는 접대받는 인간이 파트너와 함께 방에 들어가는 모습을 보며 귀에 대고 ‘파이팅’을 외쳐주었다. 그리고 자신은 파트너와 함께 다른 방으로 들어갔다.

하지만 그는 재미를 보지 못했다. 곧바로 방에서 나와 로비에서 접대받는 인간이 등장할 때까지 공손한 자세로 기다려야 했다. 오줌이 마려워도 꾹 참고 정신이 오락가락 해도 머리를 쥐어뜯으며 호흡을 가다듬었다. 마침내 상대가 의기양양한 모습으로 나오면 "야, 대단하십니다. 저희들은 들어가자마자 바로 끝장나버렸지 뭡니까. 저희는 토끼보다 못한 신세입니다. 그런데 사장님께서는 정말 대단하십니다!" 하며 비위를 맞추었다.

동양의 비즈니스는 몸소 예의를 차리는 것이 최고라는 사장의 주장에 따라 그는 온몸으로 손님을 모셨다. 해외에서 중요한 인사가 오면 부하직원들 다 제쳐놓고 몸소 공항으로 마중을 나갔고 짧은 영어로 반갑게 인사를 나누었다. 손수 운전을 해야 상대가 감동한다는 사장의 생각에 부응하기 위해 운전대를 다른 사람에게 넘기지 않았다. 운전을 할 때도 부드럽고 정중한 자세로 상대에게 최대한의 예의를 갖추고 있다는 걸 알리려 애썼다. 상대의 가방을 들어 주는 것은 기본이었고 외투를 얼른 받았다 얼른 입혀 주는 센스도 발휘했다.

'내가 지금 왜 이러고 있나…' 싶은 생각이 들 때도 있었지만, 그동안 저지른 죄 값을 치르는 것이려니 하고 달게 받아들였다. 이 모든 과정이 자신을 단련하고 보다 나은 인간으로 진화하게 하려는 하느님의 뜻이자 부처님의 보살핌이라 여겼다. 말 못할 수모를 묵묵히 견뎌내는 가운데 가끔은 자신의 처지를 잊어버리고 엉뚱한 정의감을 발현하기도 했다. 매출실적이 나쁘다며 영업부 직원의 월급을 깎아야 한다는 사장의 발언에 반대하는 바람에 눈엣가시가 되고 말았다. 설상가상으로 사장의 마지막 연설을 생략한 채 "회식 끝"이라고 외치는 바람에 사장의 심기를 불편하게 했다.

목련이 만발하던 봄날, 회사는 인사발령을 내고 그를 평사원으로 내려 앉혔다. 바닥부터 좀 더 배우는 게 좋을 것 같다는 설명이 있었지만 그는 그게 괘씸죄 때문이라는 걸 알았다. 사표를 던질까 하다가 그는 누가 이기나 보자, 하고 견뎠다.

계절이 여러 차례 바뀌어도 그의 처지는 나아지지 않았고 그렇게 시간이 흘렀다. 그런 처지를 알 리 없는 아내는 늘 그래왔던 것처럼 그를 한심하게 바라보았고, 그의 가슴에는 늘 찬바람이 불었다. 그는 자신의 죄가 덜 씻겼나 생각하고 참회를 더 해야겠다고 마음먹었다. 마침 동네에 근사한 성당이 있어 찾아갔다. 쑥스럽고 어색했지만 당장 가슴 가득 들어찬 울화를 털어내지 않고서는 도무지 견디기 어려웠던 것이다.

그는 당장이라도 성당 바닥에 무릎을 꿇고 "성모 마리아님, 제가 지은 죄가 태산 같고 쌓인 허물이 태평양보다 깊고 광대합니다. 그러니 제 죄를 사하시고 제발 숨 좀 쉬고 살 수 있게 해주세요!" 하고 기도하고 싶었다. 하지만 성당에선 당장 성당에 나올 수 있는 게 아니라고 했다. 교리 공부를 먼저 하고 와야 한다고 했다. 그는 '기도도 마음대로 못하는 세상, 살아서 뭣 하나…' 하고 또 급좌절했다. '아, 예수님도 마리아님도 다 내 편이 아니구나…' 하는 생각이 들자 세상이 더 쓸쓸하게 느껴졌다.

그때 마침 친한 친구 하나가 자신이 직장인 밴드에서 음악을 한다고 알려왔다. 고등학교 시절부터 베짱이처럼 늘 기타를 치며 노래를 불렀던 친구인데, 나이 사십 넘고서도 여전히 베짱이처럼 잘 놀고 있다고 했다. 그 녀석은 돈을 많이 주는 직장에 다니지도 않지만 아내가 간호사로 일하며 꼬박꼬박 월급을 잘 가지고 올 뿐 아니라 남편을 하늘로 여긴다고 했다. 그 말을 듣는 순간 그의 가슴에는 더욱 큰 구멍이 난 것 같았다.

어쨌거나 친구는 음악이야말로 하늘이 내려준 최고의 선물이라고 말했다. 기쁠 때 음악을 하면 두 배로 기쁘고 슬플 때 음악을 하면 슬픔이 싹 가신다고 했다. 평생 음악이라고는 젓가락 두드리고 박수밖에 칠 줄 모르는 그로선 베짱이 친구 녀석이 무지하게 부러웠다. 성당보다 음악이 낫겠다 싶어 그는 음악 학원으로 달려갔다. 부지런히 색소폰을 배웠고 혼자 연주를 할 수 있게 되면서 틈만 나면 색소폰을 불어댔다. 하지만 친구의 말처럼 색소폰을 분다고 슬픔이 사라지지는 않았다. 그럼에도 그것을 마구 불어댄 것은 그거라도 불지 않으면 죽을 것 같기 때문이었다.

주머니가 차야
가슴이 찬다

"여보, 나 오천원만 주면 안 될까?" 오늘도 김대남 씨의 하루는 아내에게 구걸하는 것으로 시작된다. 매일 아침 용돈을 타야 하기 때문이다. 아내에게 월급통장을 통째 넘겨버린 그는 월급날 다음 날 한 달치 용돈을 탄다. 아무리 계획을 잘 세우고 왕소금 짠돌이 생활을 해도 며칠 못가 그의 주머니 사정은 형편없어지고 말았다. 아내로부터 받는 용돈이 변변찮은 까닭도 있지만 거절하지 못하는 성격인데다 사람 좋아하고 어울리며 즐기는 탓도 있었다.

오늘 아침에도 대남 씨는 기가 팍 꺾인 가운데 아내에게 용돈 좀 주십사 손을 내밀어보는데, 아내는 용돈 준 지 며칠이나 됐느냐며 인상을 쓴다. 애들 학원비가 얼마인지 아느냐, 도대체 무슨 정신으로 술 퍼 마시고 다니냐, 그러면서 무슨 염치로 집에 들어오느냐, 아내의 가시 돋친 훈계가 끝없이 이어진다. 지각하지 않을까 노심초사하는데, 그러거나 말거나 아내의 목소리는 더욱더 커지고 혈압과 맥박수도 급격히 상승한다.

더러워 죽겠다며 돌아서려는 순간, 아내의 손에서 지폐가 빠져나와 팔랑팔랑 나부낀다. 나부끼다, 현관 바닥에 떨어진다. 그 짧은 순간이 그에게는 아주 극적인 순간, 슬로우모션으로 감동을 극한점으로 끌어올리는 영화의 한 장면 같았다. 그는 끄응 소리를 내며 허리를 굽혀 지폐를 주워 들고 입을 쪽 맞췄다. 5,000원짜리 아닌 게 천만다행이었다. 세종대왕께서 인자한 모습으로 그를 맞아주었던 것이다. 아내는 손바닥을 탁탁 털며 휙 돌아섰고, 마지막 오금을 박았다. "그것 가지고 일주일 써!"

처음부터 그런 것은 아니었다. 결혼 초 그도 무릇 남자란 돈을 벌어 가족을 먹여 살리되 그 씀씀이를 스스로 관리하고 통제할 줄 알아야 남자의 권위와 체면을 유지한다고 믿었기에 월급 통장을 직접 관리했다. 아내는 그의 귀에 대고 "얼마 되지도 않는 돈, 신경 써봐야 머리만 아파, 돈 관리는 내가 알아서 잘할 테니 당신은 당신 일이나 열심히 하세요." 했다. 거듭되는 아내의 코맹맹이 소리에 그의 마음이 흔들리기 시작했다. 나 믿고 시집온 사람인데 어련히 알아서 잘하겠나 싶었고, 돈이라면 자신보다 아내가 한 수 위다 싶어 결단을 내렸다. '그래. 까짓것 얼마 된다고 남자가 푼돈에 연연하면 못 쓰는 법이지. 큰일 할 사람이 월급 몇 푼에 이러쿵저러쿵 토 달고 간섭하는 꼴 보여서는 안 되지. 암 안 되고 말고.'

그때부터 그는 아내에게 월급 통장을 맡겼고 대신 한 달에 얼마씩 용돈을 타 쓰기로 했다. 하지만 용돈의 액수가 점점 줄어들었고 그때마다 아내는 사정이 있으니 이번 달만 참으라며 그를 달랬다. 그는 용돈이 줄어드는 사정이 뭐냐고 따져 묻지도 않았고, 얼마 되지도 않은 월급 가지고 살림 사는 아내가 오히려 측은했다. 월급이 아내 손으로 넘어간 다음부터 모든 지출 경비는 아내가 결정했다. 외식을 한번 하더라도 아내의 결심이 있어야 했고 부모님에게 용돈을 드리려 해도 아내의 허락이 있어야 했다. 결혼 축의금이며 상가 부의금이며 남의 집 아이 돌잔치며 집들이 비용까지 아내의 허락 후 집행이 가능했다.

월급통장 하나 넘겨준 것뿐인데, 그의 모든 생활이 아내의 손아귀에서 꼼짝달싹 못하는 신세가 되었다. 아내는 조상 모시기를 하늘 아래 최고의 미덕으로 삼는 종손집 사정은 아랑곳하지 않고 열심히 교회에 나갔고 제사 모시기도 거부했다. 그는 아내가 교회에 갖다 주는 헌금이 얼마인지 궁금했으나 싸움이 날까 싶어 입 밖에 꺼내지도 못했다.

어느 추운 겨울 밤, 회사 회식을 마치고 집에 가려고 보니 지하철이며 버스가 끊기고 없었다. 그는 택시를 탈 수밖에 없었다. 어서 가시라며 후배들이 도로로 뛰어들어 온몸으로 택시를 잡은 다음 택시 안으로 구겨 넣는 바람에 주머니에 돈이 있는지 없는지 챙겨볼 정신도 없었다.

따뜻한 택시 안으로 들어가자 이내 잠이 쏟아졌다. 마침내 목적지에 도착했다는 기사의 고함 소리에 정신을 차린 그는 여기가 어디냐고 물었다. 기사는 어디긴 어디에요, 집이지, 하고 퉁명스럽게 대답했고 그는 내가 언제 택시를 탔냐고 바보 같은 소리를 했다. 갈 길이 바쁘니 빨리 돈 내고 내리라며 기사가 독촉했고, 그는 “에이씨, 누가 나를 택시에 태웠어?” 하며 역정을 냈다. 그러면서 주섬주섬 지갑을 꺼내 속을 들여다보니 돈이 없었다. 택시비로 만 팔천 얼마인가가 나왔지만 지갑에는 천 원짜리 두 장밖에 없었다. “아저씨, 어쩌죠. 돈이 이것밖에 없는데?” 하며 그가 혀 말린 소리를 했다. 기사는 "아, 그럼 집에다 전화를 해 보소" 했다. 게슴츠레한 눈으로 휴대전화를 찾아 든 그가 집 전화번호를 겨우 기억해 버튼을 콕콕콕 눌렀다. 신호음이 가고 마침내 수화기에서 아내 목소리가 났다. 그는 여전히 혀 꼬부라진 소리로 "나야, 여기 집 앞인데 택시비 좀 갖다주면 안 될까?" 하고 물었다. "이게 미쳤나!" 아내는 천둥 벼락을 때리고 전화를 끊어버렸다. 그가 호흡을 가다듬고 재다이얼 버튼을 줄기차게 눌렀지만, 집전화는 밤새 통화중 신호를 낼 태세였다.

이 꼴을 한심하게 지켜보던 기사는 말없이 시동을 걸더니 어디론가 향했다. 곧 택시가 멈춰섰고, 그는 동태눈처럼 풀려버린 눈동자에 힘을 꽉 주고 초점을 잡아보았다. 파출소였다. 기사는 말없이 내리더니 그가 앉은 쪽의 문을 휙 열더니 "어서 내리쇼" 했다. 그가 비틀거리며 내리자 기사는 휑하니 파출소 문을 열고 들어갔고 얼떨결에 그도 따라 들어섰다. 파출소 안은 적당히 따뜻한 것이 마치 제 집에 온 것만 같았다. 기사가 각설하고 일갈했다. "이 양반, 돈 없답니다." 대남 씨가 게슴츠레한 눈에 다시 힘을 주며 기사의 얼굴을 노려보려 했지만 도무지 초점이 잡히지 않았고 심지어 그가 누구인지 헷갈리기까지 했다.

"진짜 돈 없어요?"

"네, 진짜 돈이 없는데요."

"주민등록증 좀 봅시다."

"바로 요 앞이네요. 집이?"

"예. 그렇습니다만."

"돈이 없으면 택시를 안 타야지."

"글쎄, 말입니다."

"택시비 어떻게 할래요?"

"글쎄요. 경찰 아저씨가 어떻게 좀 해주시면…."

결국 그는 주민등록증을 맡기고 다음 날 갚기로 약속하고 경찰에게 돈을 빌려 택시비를 냈다. 파출소를 나오면서 그는 경찰에게 거수경례를 올려붙인 다음 기사에게 말했다. "우리 집까지 좀 데려다주고 가면 안 될까요?" 기사가 말했다. "이 자식아, 내가 한 번 속지. 두 번 속을 줄 아냐?"

부르릉 하고 사라지는 택시 꽁무니에 대고 그는 크게 엿 한 방을 먹였다. 집으로 가는 도중 풀숲에서 오줌을 누며 하늘을 올려다보니, 별들이 저희들끼리 소곤대고 있었다.

외로우니까
남자다

그대 울지 마라
외로우니까 사람이다
살아간다는 것은 외로움 견디는 일
공연히 오지 않는 전화를 기다리지 마라.

눈이 내리면 눈길 걸어가고
비가 오면 빗속을 걸어라
갈대 숲 속에 가슴 검은 도요새도
너를 보고 있다.

그대 울지 마라
외로우니까 사람이다
가끔씩 하느님도 눈물을 흘리신다
공연히 오지 않는 전화를 기다리지 마라.

정호승의 시 〈외로우니까 사람이다〉 일부다. 사람이니까 외롭고, 외로우니까 사람이다. 사람은 원래 외로운 것이다. 남자도 사람이고 그래서 외롭다. 외로우니까, 남자다. 결혼하면 외롭지 않을 줄 안다. 하지만 혼자 있을 때보다 같이 있으면 더 외롭다는 걸 알게 된다. 같이 있어 외로운 게 혼자 있어 외로운 것보다 훨씬 고통스럽다는 것도 뼈저리게 느끼게 된다. 그리하여 짝을 잘못 골랐구나, 하며 방황한다. 방황하는 남자는 어딜 가도 외롭다. 이 구석 가도, 저 구석 가도 외롭다. 술집에 가도 외롭고, 산에 올라도 외롭다. 구름을 봐도 외롭고, 바다를 봐도 외롭다. 외로워서 그립고, 그리워서 더 외롭다. 맺지 못한 인연이 그립고, 그것 때문에 또 외롭다.

외로우니, 운다. 대놓고 울 수 없으니, 저 혼자 운다. 혹시 누가 눈치를 챌까 남몰래 운다. 울고 싶어도, 울고 싶다 말하지 못한다. 울어도, 울었다고 말하지 못한다. 호르몬이 무엇인지. 때가 되니 남성 호르몬 대신 여성 호르몬이 듬뿍 나오기 시작한다. 늘어난 여성 호르몬만큼 눈물도 늘어난다. 드라마를 보다가도 울고, 칼국수를 먹다가도 울고, 시골집 익은 감을 보고도 운다. 우는 것은 엄마 생각 때문이다.

엄마 때문에 울고, 울면 엄마 생각이 난다. 늙어가는 남자가 엄마 생각에 울다니 희한한 일이다. 늙은 남자의 가슴속에 어린 시절의 그가 있다. 그 어린아이가 가끔 엄마가 보고 싶다며 우는 것이다. 늙은 남자는 할 수 없이 그 어린아이가 울도록 내버려두는 수밖에 도리가 없다. 우는 아이를 보면서 늙은 그가 또 운다. 남자는 아내가 엄마인 줄 착각한다. 착각하다, 그것이 아니라는 걸 깨닫게 된다. 당황한 그는 또 방황한다. 방황하다, 운다. 울면서 엄마 생각을 한다. 바보 같은 남자다.

남자들은 아내를 통해 모성애를 느낀다. 밥을 하고 빨래를 하고 때로는 가슴을 내어주기도 하니, 아내가 어머니와 비슷한 것이다. 성인이 되어서도 늘 불안정한 남자는 아내가 어머니의 빈자리를 채워줄 것으로 기대하고 그런 아내로부터 위안받고 안정을 찾는다.

남자들은 그래서 어머니와 비슷한 성향의 여자를 좋아한다. 어머니가 계모라든지 좋지 않은 기억을 갖고 있는 경우가 아니라면, 대개 자신의 어머니와 비슷한 성격과 태도를 가진 여자를 좋아하게 마련이다. 어릴 적부터 먹어온 음식에 대한 향수가 있고 그것은 곧 어머니에 대한 그리움이다. 어머니가 만들어주던 음식을 만들 수 있는 여자라면 더없이 고맙다.

실제로 결혼을 하면 아내는 주로 집안일을 한다. 집안일이라는 게 요리하고 빨래하고 청소하는 것이다. 남자는 열심히 돈을 버는 대신 아내가 가사 노동을 통해 제공하는 것을 누리고 싶어 한다. 그래서 남자는 아내를 어머니와 하녀의 결합체 정도로 생각하기도 한다.

남편은 어릴 적 어머니한테 한 것처럼 아내에게도 투정을 부리거나 쓸데없는 고집을 피우기도 한다. 남편의 마음속에 어린 시절 마음 놓고 투정부렸던 응석받이가 웅크리고 있다가 문득 튀어나와 어머니가 아닌 아내를 상대로 투정을 부리는 것이다. 아내는 어머니의 분신이기도 하다.

이것은 남자의 대단한 착각이다. 아내는 결코 어머니가 아니다. 어머니의 사랑은 무조건적이다. 자신의 희생 따위는 아무것도 아니다. 자식이 잘못

되었을 때는 가슴 아파한다. 자식이 병이 나면, 차라리 내가 아팠으면 한다. 살인자의 어머니도 자식을 품는다.

아내는 그렇지 않다. 결혼은 엄연한 계약 관계이고, 자신에게 주어진 의무를 충실히 하지 못하는 순간 바로 계약을 파기할 수도 있다. 의무를 다하지 못하면 상대로부터 받을 수 있는 것들도 포기할 수밖에 없다. 부부란 일종의 거래 관계인 셈이므로, 무조건적으로 사랑을 주는 어머니와 아내는 다를 수밖에 없다.

그럼에도 남자들은 아내의 사랑이 어떠한 상황에도 지속될 수 있다고 착각한다. 그러니 사업에 실패하거나 직장에서 예고 없이 쫓겨나 돈벌이가 시원찮아졌을 때, 아내가 정색하고 싸늘하게 나오면 당황하게 된다. 실패하거나 좌절했을 때, 어머니라면 손을 내밀어 일으켜주고 용기를 불어넣어 줄 것이다. 하지만 아내는 그렇지 않다. "이 인간이 남편으로서 의무를 지속적으로 이행할 수 있을까?" 하고 냉정하게 따질 것이다.

남편이 죽자 두둑한 보험금을 들고 잘생긴 남자와 행복한 표정을 짓는 미모의 아내가 등장하는 보험회사 광고가 있었다. 남자들이 그 꼴을 보고선 분통을 터트렸고, 저것이 과연 요즘 여자들의 본심이며 남자들의 존재란 무엇인가, 하며 한숨을 쉬기도 했다.

그런 것이다. 남편이란 존재는 아프다 소리하지 않고 꼬박꼬박 돈 잘 벌어다주고, 때 되면 제 밥 알아서 챙겨먹고 귀찮게 하지 않으면 그만인 존재다. 젊어서 돈을 못 벌어도 구박이지만, 나이 들어 귀찮게 해도 구박이다. 원래 남자란 그런 존재다. 젊고 한창일 때 아내에게 큰소리치고 평생 대접받을 줄 안다. 천만의 말씀이다. 남자란 쓸모가 있을 때까지만 대접받는다. 결혼할 때 이미 상품이었듯이 결혼 후 상품 가치를 잃으면 끝장이다. 폐기처분되거나 재활용센터로 가야 한다. 남자가 소모품이란 말이 그런 뜻이다.

남자들은 여자들을 배은망덕하다고 여긴다. 죽어라 일해 돈 벌어줄 때는 당연하게 여기다 돈벌이가 시원찮으면, "누구시더라?" 하고 바로 안면을 바꾸는 여자들을 보면 기가 찬다. "아니, 어떻게 이럴 수가 있지?" 하고 의아해하지만, 그게 현실이다. 쓸모가 없어지면 바로 아웃되는 것, 그게 남편을 대하는 아내의 태도다. 남편과 아내의 관계라는 게 원래 그렇다는 걸 알아야 한다. 남자로서 존재가치가 사라지거나 약해지는 순간, 바로 응징당하거나 버려질 수 있다는 냉혹한 현실을 직시해야 한다. 말도 안 된다며 펄쩍 뛰어봐야 소용없다. 원래 그런 것이다.

봄이 오고 여름이 오듯, 가을이 오고 겨울이 오듯, 부부관계란 게 원래 그런 것이다. "왜 봄 다음에 여름이 옵니까? 바로 가을이 오면 안 됩니까?" 하고 소리쳐봤자, 바보 소리밖에 못 듣는다. 그렇듯, 부부관계란 원래 그런 것이다.

그러하므로, 그대 울지 마라, 외로우니까 남자다.

수소의 뿔처럼
혼자서 가라

남자는 평생 철이 안 든다. 남자의 마음속에는 늘 불안정하고 어디로 튈지 모르는 럭비공 같은 어린아이가 들어 있기 때문이다. 잘 달래거나 보살펴주지 않으면 화를 내거나 좌절하고 방황하기도 한다. 때로는 상심에 못 이겨 비극적인 결단을 하기도 한다.

남자는 죽을 때까지 제 앞가림을 잘 못한다. 사회적으로 아무리 성공하고 떼돈을 벌어도, 인간으로서 기본적으로 해결해야 할 사소한 것들조차 제대로 챙기지 못한다. 식사나 빨래, 청소는 물론 정서적으로도 독립하지 못하고 남에게 의존한다. 결혼한 남자는 아내에게 기댄다. 어린아이가 어머니에게 의지하듯 아내만 바라보고 사는 것이다. 아내가 곁에 없으면 엄마 잃은 아이처럼 불안하고, 아내가 없으면 죽을 것처럼 울상을 짓기도 한다. 겉모습은 의젓한 성인이지만 마음속은 어린아이인 것이다.

부부관계가 나쁘면 아내에게 의지하고 싶은 마음도 사라질 것 같지만, 꼭 그렇지만도 않다. 부부 사이가 좋지 않더라도 아내의 보살핌을 원하는 마음은 크게 다르지 않다. 남자라는 존재는 정서적인 면에서도 그렇고 여러 측면에서 여자의 보살핌이 필요하다. 어린아이가 부모의 손길이 필요한 것처럼 남자는 평생 누군가의 보살핌이 필요하다. 아내의 손길과 정서적 유대감을 당연한 걸로 아는 남자들이 있다. 꼬박꼬박 돈 벌어다주고 남편 역할을 잘해내고 있으니 평생 아내가 알뜰살뜰 보살펴 줄 것으로 생각한다. 하지만 그게 얼마나 어리석은 생각인지, 당해봐야 안다.

남자가 제 의무를 잘해낼 때는 문제될 게 없다. 하지만 돌연 직장에서 쫓겨나거나 병을 얻어 더 이상 돈벌이를 하지 못할 경우 이야기가 달라진다. 옆도 뒤도 돌아보지 않고 모범생처럼 평생 몸 바쳐 일한 직장에서 정년퇴직했을 때도 마찬가지다. 황혼이혼을 당할 수도 있고, 배터리 떨어진 인형처럼 내팽개쳐질 수 있다.

어떤 남자는 아내가 잔소리를 하면 나중에 후회하지 말라며 큰소리친다. 퇴직금, 연금 타게 되면 국물도 없을 줄 알라고 눈을 부라린다는 것이다. 한심한 남자다. 그 퇴직금이나 연금, 알토란 같은 돈이 얌전히 제 손에 다 들어온다고 장담할 수 있는가? 큰소리치는 자신과 달리 대꾸 없이 그저 먼 산 바라보는 아내의 속이 더 무서울 수 있다. 퇴직하는 순간, 아내가 바로 이혼청구소송을 내면 말짱 도루묵이다. 그걸 모르는 어리석은 남자는 헛소리를 해대는 것이다. 벌어놓은 돈도 없고 나이 먹고 빈둥거리는 신세가 되면 끔찍한 상황이 된다.

"돈도 못 벌고 몸도 약해졌다고 기죽지 마세요. 어깨 당당하게 펴고 힘을 내란 말이에요. 그까짓 돈 있어도 그만 없어도 그만이에요. 당신만 건강하면 돼요!"

이렇게 말해주는 여자, 없다. 드라마 〈넝쿨째 굴러온 당신〉에 나오는 마음씨 착한 장군이 엄마라면 모를까. 세상에 그런 여자 없다. 있다면, 마른 하늘에서 벼락 맞을 확률이다.

설사 돈이 있다 해도, 아내와 갑자기 이별하게 되면 난감해지는 수가 많다. 돈이 많더라도 아내에게 늘 의지하던 남자라면, 상황이 만만찮다. 금슬이 나빠 아내와의 이별을 학수고대하던 남자라면 모를까, 아내의 치맛자락을 붙들고 산 남자라면 난감할 것이다. 특히 사별하게 되면, 그야말로 엄마 잃은 아이처럼 어리둥절해 할 것이다. 돈이 있으면 그나마 다행이다. 새 여자를 만나 살면 문제될 것도 없다. 젊고 싱싱한 여자를 만나 살면 복 받은 인생이다. 돈으로 섹스를 살 수 있어도 사랑은 살 수 없다. 새로 얻은 여자가 진심으로 그를 존중하거나 사랑하지 않더라도 결혼이라는 게 원래 그런 것이므로 문제될 게 없다.

돈 없는 남자가 혼자 되었을 때가 가장 문제다. 돈이 있으면 아내가 없더라도 일상생활이 크게 불편하지 않을 수 있다. 돈을 주면 도우미를 얼마든지 부를 수 있고, 홀아비 냄새를 풍기지 않고 살 수 있다. 돈으로 여자를 살 수 있고, 친구도 사귈 수 있다. 건강을 잃거나 남성으로서의 기능이 떨어지는 것이 문제지, 상대가 없어 곤란을 겪을 확률은 낮다. 하지만 돈이 없으면 이 모든 것이 불가능하다.

인정하고 싶지는 않지만, 희한하게도 우리는 일본 사회를 많이 닮아간다. 자살률 1위, 청소년 자살 1위, 저출산율 1위 등 닮고 싶지 않은 것들을 고

스란히 닮아가고 있다. 고독사도 마찬가지다.

2011년 부산국제영화제에서 선보인 일본 영화 〈고독사〉는 그것이 결코 남의 일이 아니라는 걸 보여준다. 사람들과의 관계를 거부하고 저 홀로 살아가는 코헤이는 쓸쓸하게 살다 죽은, 고독사 한 사람의 집을 정리하는 일을 한다. 삶에 대한 진지한 성찰 없이 덤덤하게 살아가던 코헤이는 그들의 유품을 정리하면서 삶의 의미를 깨닫기 시작한다. 우리 사회도 고독사가 심각한 문제다. 비단 노령층뿐 아니라 50~60대 초반의 남성 고독사가 부쩍 늘고 있다. 여성보다 남성이 압도적으로 많다. 아내와 이별하고 가족과 떨어져 버려진 고아처럼 외롭게 살다 쓸쓸하게 죽음을 맞는 것이다. 누군가의 도움이 절실하지만 자존심 때문에 구조를 요청하지 않고 버티다가 결국 아무도 모르게 세상을 하직하는 것이다.

20, 30대 젊은 남성의 고독사도 늘고 있다. 나이 불문하고 여성보다는 남성에게 주로 일어난다. 경제적 어려움뿐 아니라 배우자가 없어 외로움을 겪을 수밖에 없는 상황이라면 남녀를 막론하고 누구나 고통스러울 것이다. 그것을 견뎌내는 힘은 남성이 여성보다 훨씬 떨어진다.

이처럼 남성은 황혼이혼을 당하거나 아내와 사별하게 되면 엄청난 위기를 맞게 된다. 가족에게 외면당해 홀로 떨어져 살거나 병에 걸려 드러누울 수 있다. 벌어놓은 돈이 많으면 그나마 다행이지만 돈이 없으면 더 큰 불행을 각오해야 한다. 평안하고 여유로워야 할 인생 말년이 이래서야 되겠나. 누구에게나 올 수 있는 상황이다. 단단히 준비하지 않으면 안 된다.

극단적인 불행을 맞지 않더라도 모든 남성의 미래가 장밋빛일 수 없다. 설사 이혼을 당하지 않고 큰 병을 얻지 않더라도 아내로부터 죽을 때까지 대접받고 산다는 보장은 없다. 젊어 벌어놓은 돈은 이미 아내의 수중으로 다 들어가고, 눈칫밥 먹으면서 천덕꾸러기 신세로 살아갈 수 있다. 재벌이 아닌 다음에야 뾰족한 수가 없다.

이상한 것은 여성들은 나이가 들수록 지혜로워지지만, 남자들은 반대라는 것이다. 여자들은 홀로 남아도 끄떡없이 살아간다. 죽는 순간까지 자식이나 손자들을 위해 헌신한다. 가족들과 잘 융화하고 주위 사람들과도 잘 지낸다. 하지만 남자는 그러지 못한다. 내 주장만 내세우고 제 의견과 맞지 않으면 불같이 화를 내고 마음의 문을 닫아버린다. 스스로 왕따를 자초하면서 왜 왕따를 시키느냐고 시비 걸고 서운해 한다. 그렇다고 스스로 일상을 잘 꾸려나가는 것도 아니다.

남자들의 삶이란 게 태생적으로 순탄치 않게 돼 있다. 죽는 순간까지 눈물의 골짜기를 걷는다. 스스로 눈물의 골짜기를 선택하기도 한다. 인생이 원래 눈물의 골짜기를 걷는 것이지만, 그래도 눈물을 덜 흘리는 게 좋지 않은가. 인생에서 눈물을 덜 흘리려면 미리 대비를 해야 한다. 우선 남에게 의존하는 습관을 버려야 한다. 나이 들수록 아내에게 기대는 버릇을 없애야 한다. 아내는 결코 어머니가 아니다. 아무 생각 없이 믿고 기댔다가 버림받으면 큰일이다. 그러니 아내 없이 살 수 있는 힘을 길러야 한다. 아내와 같이 살더라도, 최소한 구박덩어리 신세는 면하고 살아야 한다. 암을 이긴 사람들은 공통적으로 이런 말을 한다. "암을 이기려 하지 말고 암과 친구가 되어야 한다. 암을 싫어하고 이기려고 하면 암이 더욱 집요하게 들러붙어 괴롭힌다. 하지만 평생 함께 가야 할 친구라 여기면 암이 저절로 달아나 버린다."

어차피 주어진 상황이라면, 여유를 갖고 긍정적으로 받아들이는 게 낫다는 의미다. 인정하고 받아들일 수밖에 없는 것들이 세상에는 많다. 외로움이나 고독도 그렇다. 홀로 있어도 외롭고, 같이 있어도 외롭다. 누구나 외롭다. 이 외로움이라는 존재는 아무리 떨치고 싶어도 끈질기게 주변을 맴돈다.

때로는 외로움이 남자를 죽음으로 내몰기도 한다. 그만큼 무섭다. 암을 친구로 받아들이는 것처럼 외로움도 평생 함께 가야할 동반자로 여기면 어떨까. 외로움은 어쩌면 자신의 가장 진실된 내면을 들여다보게 하는 하느님의 창조물일지도 모른다. 외롭지 않으면 누구도 자기 목소리에 귀 기울이거나 자신의 내면을 조용히 들여다보지 않으려 할 것이다. 짝이 있어도 외롭고, 없어도 외롭다. 아내가 있어도 외롭고, 없어도 외롭다. 어차피 외로운 것이다. 아내가 없다고 더 외로운 것도 아니고, 있다고 덜 외로운 것도 아니다. 외롭지 않은 인생은 없다.

아내 없이도 살 수 있는 것, 아내에게 의존하지 않고 살아낼 수 있는 것, 그것이야말로 이 시대 남자의 자격이다.

남자의 지갑

친구여! 나이가 들면 설치지 말고 미운 소리, 우는 소리 그리고 군소리, 불평일랑 하지 마소. 알고도 모르는 척 모르고도 적당히 아는 척, 어수룩하소. 그렇게 사는 것이 평안하다오. 친구여! 상대방을 꼭 이기려고 하지 마소. 적당히 져 주구려. 한 걸음 물러서 양보하는 것, 그것이 지혜롭게 살아가는 비결이라오. 친구여! 돈, 돈 욕심을 버리시구려. 아무리 많은 돈을 가졌다 해도 죽으면 가져 갈 수 없는 것. 많은 돈 남겨 자식들 싸움하게 만들지 말고, 살아있는 동안 많이 뿌려서, 산더미 같은 덕을 쌓으시구려.

친구여! 그렇지만 그것은 겉 이야기. 정말로 돈은 놓치지 말고 죽을 때까지 꼭 잡아야 하오. 옛 친구 만나거든 술 한잔 사주고, 불쌍한 사람 보면 베풀어 주고, 손주 보면 용돈 한 푼 줄 돈 있어야, 늘그막에 내 몸 돌봐주고 모두가 받들어준다오. 우리끼리 말이지만 이것은 사실이라오.

옛날 일일랑 다 잊고, 잘난 체 자랑일랑 하지 마오. 우리시대는 다 지나가고 있으니, 아무리 버티려고 애를 써도, 가는 세월은 잡을 수가 없으니, 그대는 뜨는 해, 나는 지는 해, 그런 마음으로 지내시구려. 나의 자녀, 나의 손자 그리고 이웃에 좋게 뵈는, 마음씨 좋은 이로 사시구려. 멍청하면 안 되오. 아프면 안 되오. 그러면 괄시를 한다오. 아무쪼록 오래오래 사시구려.

법정 스님이 생전에 하신 말씀이다. 법정 스님은 입적하기 전에 좋은 일을 많이 했다. 생불이라고 불릴 만큼 덕을 많이 쌓고 선행을 베풀었다. 그래서 법정 스님이 입적했을 때 종교를 떠나 많은 사람이 함께 슬픔을 나누었다. 법정 스님은 돈 욕심 버려라 죽을 때 가져 가는 것 아니니, 많이 베풀어 덕을 쌓으라고 하지만, 결국 그 얘기는 겉 이야기일 뿐이라고 솔직하게 말했다. 옛 친구에게 술 한잔 사주고, 손주 용돈 줄 정도는 되어야 늘그막에 설움받지 않는다고 했다.

스님 말씀처럼 돈은 놓치지 말고 죽을 때까지 꼭 잡아야 한다. 스님이 생전에 어려운 학생에게 장학금을 주거나 형편이 어려운 사람을 도울 수 있었던 것은 돈이 있었기 때문이다. 재산을 모으고 불려 남는 돈을 내놓은 것이 아니다. 책을 출간하고 인세가 나오면 그 돈으로 장학금을 준다든지 하는 식이었다. 자신을 위해 돈을 쓰지 않았지만 돈의 쓰임새가 어떠해야 하는지 몸소 보여준 셈이다.

스님들이 비우라, 비우라 하는 것은 주머니를 비우라는 뜻이 아니다. 스님들이 중생들에게 비우라 하면서도 자신의 곳간은 비우지 않는다고 비웃을 일이 아니다. 절 곳간이 비면 좋은 일을 하기 힘들기 때문에 보시를 받고 공양받는 것이다. 좋게 생각하자. 비우라는 것은 마음을 비우라는 뜻이다. 좀 엉뚱하게 생각하면 중생들이 마음을 비워야 절에 바칠 것도 있는 것이다.

스님들이야 산 좋고 물 좋은 곳에 자리 잡고 마음공부를 하는 사람들이니, 어찌 생각하면 팔자 좋은 분들이다. 그러니 더 비우고 말 것도 없다. 하지만 속세에서 하루하루 전쟁하듯 살아가는 불쌍한 중생들은 마음을 비우지 않으면 힘들어 못 산다.

하지만 돈이 없으면 마음을 비울 수가 없다. 주머니가 차야 마음이 비워진다. 마음이 빈다는 것은 마음에 부족함이 없이 넉넉하고 평화롭다는 말이다. 주머니가 비고 당장 굶어죽을 판에 무슨 마음을 비운다는 말인가. 말도 안 되는 소리다.

물론 돈 많은 사람이 더 많은 돈을 갖기 위해 다른 사람을 속이고, 싸우고, 거짓말하고, 그렇게 아귀처럼 산다고 하면 철저하게 마음을 비워야 한다. 그래야 본인도 살고 다른 사람도 산다. 큰 부자가 아니어도 이만하면 됐다 하고 여유를 갖는 것이 마음을 비우는 것이다. 주머니 탈탈 털어도 먼지밖에 안 나오는 사람에게 마음을 비우는 것은 빵이 없으면 과자를 먹으라는 말과 같다. 그러니, 마음 비우는 것은 나중 일이다. 먼저 주머니부터 채워놓아야 한다. 주머니가 터지도록 채워넣지 않더라도 어디 가서 밥 빌어먹거나 아내에게 구박받고 멸시 당하지 않을 정도는 되어야 한다.

어느 교회에서 신도들이 자신의 어려운 처지를 고백하고 함께 기도하고 응원하는 시간을 가졌다. 의사가 말한 내용이다. 결혼할 때 처가로부터 많은 지원을 받고 개원했다. 예쁜 아내도 얻고 개원의로서 남부러울 게 없었다. 아이들도 태어나면서 가정에 행복이 넘쳐흘렀다. 어느 날부터인가

병원에 환자들의 발길이 줄어들었다. 나아지겠지, 하고 기다렸지만 상황이 더욱 나빠졌다. 마침내 병원에 적자가 나기 시작했고, 하필 그때 친하게 지내고 있던 여성과의 관계를 아내가 알게 되었다. 아내는 이혼을 요구했다. 결혼할 때 처가에서 지원한 병원 개원비도 모두 돌려달라고 했다. 의사는 결국 병원을 통째로 아내에게 넘겨주고 이혼했다. 그 의사는 이렇게 말했다. "이제 빈털터리가 되어 다시 시작해야 할 상황입니다. 마음은 편합니다. 제가 잘못한 점도 분명 있습니다. 하지만 아내가 그런 사람인 줄은 몰랐습니다. 지금이라도 아내를 제대로 알게 되어 다행입니다."

의사나 법조계에 종사하는 전문인들은 결혼할 때 처가로부터 경제적으로 많은 지원을 받는 게 사실이다. 결혼이 어차피 상품과 상품이 맞트레이드되는 계약관계라면, 장래가 보장되는 탄탄한 전문직 남편과 돈 많은 여성의 결합은 당연하다. 그래서 한쪽에 하자가 생기면 그 계약이 파기되는 것 역시 당연하다.

제아무리 의사나 변호사라 해도 돈 앞에선 장사 없다. 사회적으로 알아주는 전문직이라도 재벌 앞에선 새 발의 피다. 영화 〈돈의 맛〉에서 윤 회장(백윤식)은 재벌가의 딸 백금옥(윤여정)과 결혼한다. 돈을 보고 결혼한 것이다. 하지만 그 돈의 대가로 그는 모욕을 얻는다. 그는 돈을 물 쓰듯 하지만 진정한 사랑은 얻지 못한다.

의사나 변호사, 검사도 아닌 보통의 직장인도 크게 다르지 않다. 처가 쪽 형편이 나아 경제적 도움을 받고 시작한 결혼일 경우 남편은 평생 발목이 잡혀 사는 수가 많다. 아내와 처가 식구로부터 무시당하거나 그쪽 식구의 눈치를 봐야 한다.

여자들은 대개 본전 생각을 하고 산다. 결혼할 때 내가 들인 돈이 얼마인데, 하는 생각을 결코 버리지 않는다. 남편이 돈을 잘 못 벌면 본전 생각이 화산처럼 폭발한다. 당장의 경제적 어려움도 어려움이지만 본전 생각을 하면 피가 솟구치는 것이다.

비슷한 환경의 두 사람이 만나 가정을 이룬 경우라도 위험하기는 마찬가지다. 돈벌이를 더 이상 못하게 되는 순간 아내로부터 압박을 받는다. 퇴직하고 아내 등쌀에 못 이겨, 재산을 다 넘겨주고 가방 하나 달랑 들고 나와 혼자 사는 홀아비가 의외로 많다.

정년퇴직이든 명예퇴직이든, 아니면 불명예스럽게 잘린 경우가 됐든 직장에서 밀려나면 누구나 어깨가 처지게 마련이다. 그럴 때 공격하면 남자는 재산이고 뭐고 다 귀찮아지는 것이다. 잘못하다 제 명에 못 산다 싶어 얼른 도망치고 만다. 그렇게 집을 나와 떠돌다 외롭게 홀로 죽음을 맞는다.

'주머닛돈이 쌈짓돈'이라는 말이 있다. 남편 주머니에 있는 돈이나 아내가 쌈지에 감춰둔 돈이나 한 집안의 돈이라는 말이다. 부부가 따로 보관하고 있을 뿐이지, 공동재산이라는 뜻이다. 하지만 주머닛 돈이 반드시 쌈짓돈이 되지 않는다. 주머닛 돈은 주머닛돈일 뿐이고, 쌈짓돈은 쌈짓돈일 뿐이다. 예전에는 쥐꼬리만한 월급일망정 남편이 직접 챙겨다주었다.

적으면 적어서 미안해하고, 많으면 많은 대로 헛기침 한 번 하고, 월급봉투를 건넸다. 더러는 월급봉투를 보이지 않고 생활비만 따로 떼 주기도 했다. 아내들은 수고했어요, 하고 인사치레도 할 줄 알았다. 월급이 적으면 적은 대로, 많으면 많은 대로, 거기에 맞춰 살았고 그렇게 사는 줄 알고 살았다. 다 옛날이야기다.

요즘은 그렇지 않다. 월급이 곧바로 아내 계좌로 들어가버린다. 정작 남편은 손도 못댄다. 그나마 용돈 타 쓰면서 눈치를 살핀다. 적게 벌어온다고 해 눈치보고, 용돈 헤프게 쓴다고 해 눈치본다. 온갖 수모를 다 겪고 눈물을 삼키며 벌어다주고도 수고했어요, 말 한마디 듣지 못하고 죄인처럼 고개 숙이고 눈치나 살펴야 하는 것이다. 세상에서 가장 바보 같은 남자가 여자를 만족시키겠다는 남자다. 여자는 결코 만족하지 않는다. 하나를 갖다 주면 아홉 개가 모자란다 하고, 두 개를 갖다 주면 여덟 개가 모자란다고 한다. 아홉 개를 갖다주면 하나가 모자란다고 한다. 열 개를 다 채워주면, 심심해 못살겠다고 한다. 여자를 만족시켜야겠다는 일념으로 열심히 날라다 바친 남자는, 결국 칭찬 한마디 듣지 못하고 기진맥진한다.

그런 것이다. 아무리 벌어다주고 갖다 바쳐도 결코 "이제 그만 됐어요! 고마워요!" 하지 않는다. 끊임없이 채찍질 해야 쉬지 않고 달리는 말처럼 남편도 그런 줄 안다. 그러면 아내가 말한다. "인간아, 뭘 얼마나 벌어다주고 뭘 제대로 갖다 바쳐 보았느냐?"고 말이다. 이런 말을 듣는 순간, 순진하고 착해 빠진 남편은 십중팔구 "하긴 그래, 여보 정말 미안해. 더 노력할게. 나 더 잘할 수 있어!" 하고 눈물을 글썽이면서 주먹을 불끈 쥔다. 이러니, 노예 신세에서 벗어나지 못하는 것이다.

그렇게 죽기 살기로 벌어다주어도 결국 무능력한 인간이란 소리 듣는다. "그 돈 다 어디 갔어?" 물어 보면, 아내는 인상을 콱 쓰며 "아이들 공부시키느라 다 썼지!" 한다. 물으나 마나 들으나 마나 한 소리다. 그렇게 달리고 달리다 지쳐 쓰러지면 그걸로 끝장이다. 아내가 번쩍 손을 들어 옐로우카드를 내 보인다. "당장 돈을 벌어오지 않으면 어떻게 되는지 알지?" 하고 경고를 하는 것이다. 마침내 인간이 더 이상 돈을 벌 의사가 없거나 능력이 없다고 판단하면, 가차 없이 레드카드를 꺼내 든다. 퇴장 명령이다.

만약 아내 몰래 꿍쳐둔 돈이라도 얼마 있으면 그나마 다행이다. "그렇잖아도 지긋지긋했어!" 하며 큰소리치고 나올 수 있다. 퇴장 명령을 받고도 껌처럼 눌러붙어 있으려면 모진 구박을 견뎌야 한다. 하지만 웬만한 맷집으로는 그걸 감당하기가 쉽지 않다. 이런 처지의 어느 착한 남자는 이렇게 말한다. "이럴 줄 알았으면 고시원에 방 하나 얻을 돈이라도 마련해 둘걸 그랬어." 이 서글픈 남자는 아무리 쓸어도 절대 쓸려나가지 않는 젖은 낙엽처럼, 그렇게 구박덩어리로 아내에게 빌붙어 살고 있다.

교회에 십일조 헌금이라는 것을 낸다. 수입의 십분의 일을 헌금하는 것이다. 십일조, 교회에다 내지 말고 자신한테 헌금하자. 빈털터리 신세가 되어 쫓겨날 때, 십일조 열심히 갖다 냈다고 교회에서 챙겨주지 않는다. 하지만 쥐꼬리만한 월급일망정, 꼬박꼬박 얼마씩 모아둔 그 돈이야말로 어려울 때 구세주가 되고 은총이 된다.

로봇이 남자를 자유케 하리라

아내에게 대접은커녕 구박을 받거나 심지어 맞고 사는 남자도 많다. 아내가 남편의 삶 자체를 지배하거나 주도하기 때문에 스스로 무엇 하나 결정하지 못한다. 밥 먹는 것부터 돈 쓰는 일, 일상의 사소한 모든 것이 아내의 통제를 받는다. 잠자리를 가질 것인지 말 것인지도 아내가 결정한다. 그러니 어딜 가도 당당하지 못하고 풀죽은 모습으로 사는 것이다. 희한하게도 사회에서 번듯하게 자리 잡은 남자들 중에도 이런 못난 인간이 있다.

아내 눈치 안보고 스스로 판단하고 결정하면서 살면 좋을 것 같지만, 꼭 그렇지도 않다. 밥하고 빨래하는 것부터 아이 돌보는 일까지 막상 알아서 하려면 여간 힘든 게 아니다. 그러니 바깥에서 열심히 돈 벌어다주는 대신 아내가 모든 걸 해결해주면 서로 편하고 좋다. 하지만 열심히 돈 벌어다주면서도 아내로부터 제대로 보살핌을 받지 못하면 이 또한 문제다.

아내의 손길을 받지 못하는 인간들은 어딜 가도 기를 못편다. 공연히 화를 내고 히스테리를 부려 주위 사람을 당황하게 하거나 우울증에 시달리기도 한다. 밤거리를 방황하며 분수에 맞지 않는 여성들을 훔쳐보고, 하지 말아야 할 말을 하거나 몹쓸 짓을 하는 바람에 인생을 망치기도 한다.

아내가 아니라 차라리 예쁜 가정부하고 살았으면 좋겠다는 생각을 품기도 한다. 끊임없이 잔소리 해대고 기분따라 말투와 태도가 수시로 돌변하는 아내가 부담스러운 것이다. 군소리 없이 집안일 말끔하게 해주고, 욕망까지 해소할 수 있는 상대라면 더 없이 좋겠다는 환상을 품어보는 것이다.

그런데 그게 영 헛된 생각만은 아니다. 머지않아 이런 남자의 환상을 충족시켜 줄 로봇들이 대거 등장할 태세다. 지금 중년이라면 부지런히 몸 관리하고 버티면 말년에 로봇이 제공하는 호사를 누릴 수 있다. 물론 성능에 따라 값이 천차만별일 가능성이 높으니 로봇 구입도 빈부의 차를 절감해야 할 것이다. 남자들의 로망이자 최후의 장난감이라는 자동차처럼 좋은 로봇을 가진 인간이 으스대는 세상이 오는 것이다. 로봇이 개나 고양이 같은 애완용으로 사랑받거나 가사 도우미 역할을 할 것이며 건강을 지켜주는 의학 서비스 도우미 노릇도 할 것이다. 그중 성적 파트너 역할을 하는 섹스로봇이 가장 각광을 받을 가능성이 높다.

섹스는 모든 첨단기술 발전의 선봉에 서 왔다. 비디오산업이나 인터넷시장에도 섹스물이 그랬고, 앞으로도 그럴 것이다. 스마트폰이 급속도로 보급되면서 가장 왕성하게 거래되는 아이템이 포르노라는 사실이 이를 증명해준다. 《그레이의 50가지 그림자》란 섹스 판타지소설이 전자책으로 세계적인 베스트셀러에 오른 것 역시 마찬가지다.

피터 노왁은 자신의 저서 《섹스, 폭탄 그리고 햄버거》에서 과거의 문명 발전 속도를 규정한 것이 총, 균, 쇠였다면, 현대문명을 이끌어온 것들은 음탕하고(섹스), 사람을 죽이며(폭탄), 건강을 해치는(햄버거) 나쁜 것들이라고 주장한다. 그에 따르면 포르노는 현대문명 발전에 엄청난 영향을 끼쳤다. 전자기술 발전을 이끈 일등 공신은 포르노다. 포르노 사이트는 사람들을 인터넷에 열광케 했다. 2009년 미국 전체 검색어의 25퍼센트가 성인 콘텐츠였고, 전체 웹 사이트의 3분의 1이 포르노였다. 콘텐츠의 불법 유포를 막기 위한 디지털 워터마크 삽입 기술의 개발과 고화질을 위해 데이터 압축률이 높은 영상표준을 채택한 것, 보안프로그램 개발에 많은 투자를 한 것도 포르노업계였다. 선마이크로시스템스의 대변인인 수전 스트러블은 "당신이 개발한 기술이 쓸 만하고 튼튼한지 알려면 그 기술이 포르노업계도 잘 통하는지 보면 된다"고 말할 정도다.

2010년 10월 미국 라스베이거스에서 열린 AVN 성인용품 엑스포에서 가장 관심을 모은 것은 여성 섹스로봇이었다. '록시'라 이름 붙여진 이 로봇은 170센티미터의 키에 54킬로그램의 몸무게, 꽉 찬 C컵 가슴을 가진 글래머 미녀였다. 실제 여성의 지능과 피부색을 가지고 있고, 청소와 요리를 빼고는 무엇이든 다 할 수 있다고 했다. 말하고 듣고 피부로 느끼고 잠도 잔다. 컴퓨터 작업도 한다. 이만하면 훌륭한 비서다. 미녀 비서를 데리고 일하는 것은 모든 남성의 로망 아닌가.

이 섹스로봇은 전시회를 계기로 바로 상용화에 돌입했다. 성향이나 머리 스타일, 피부색, 가슴 크기 등 입맛대로 주문제작된다. 사교적인 성격, 부끄럼 타는 성격, 예민한 성격, 모성애가 강한 성격, 대담한 성격 등 취향대로 선택하면 된다. 버전에 따라 대략 7~9천 달러 선이다. 여성들도 실망

할 필요 없다. 남성 섹스로봇인 '록키'도 개발할 예정이다.

로봇산업의 첨단을 달리는 일본에선 로봇강아지를 가족처럼 끼고사는 사람들을 쉽게 볼 수 있다. 외로운 노인들에게 로봇강아지는 무엇보다 소중한 존재다. 외로움을 느끼는 젊은층을 위한 로봇도 속속 선보이고 있다. 공기가 들어간 조끼를 입고 껴안으면 사람과 포옹하는 느낌을 받을 수 있는 로봇이 등장했고, 만지면 알아서 꿈틀대는 엉덩이로봇도 나왔다.

보수적인 나라 러시아도 섹스로봇에 대한 관심이 뜨겁다. 2010년 러시아의 일간지 〈프라브다〉는 "미국 등의 여러 나라 과학자들이 미래형 섹스로봇의 프로토타입(원형) 개발을 이미 마친 상태이며 앞으로 남성이나 여성이 각자의 배우자나 섹스 파트너로 로봇을 구입할 날이 머지 않았다"고 보도했다. 또 "자신이 만든 조각 작품과 사랑에 빠졌다는 그리스 신화의 피그말리온 이야기가 10년 안에 현실이 될 것이며 각종 섹스 정보가 입력되고 반응을 극대화한 로봇이 등장하면 인간 파트너 찾기를 포기하는 사례가 속출할 것"이라고 덧붙였다.

미래에 로봇들이 섹스관광을 담당할 것이란 관측도 나왔다. 뉴질랜드 빅토리아대 미래학자인 아이언 요먼과 성과학자인 미셸 마즈가 발표한 〈2050년 홍등가 변화 양상을 예측하는 미래전망 보고서〉에 따르면 "성접촉에 의한 질병과 성노예 위험으로부터 자유로운 인조인간 매춘부들이 대세를 이루게 될 것"이라고 예상했다는 뉴질랜드 언론의 보도가 있었다. 관광객들은 1만 유로 정도의 입장료를 내면 섹스로봇이 랩댄스에서 마사지, 성행위까지 모든 서비스를 제공할 것이라고 한다. 섹스 클럽에는 다양한 인종과 체형, 언어, 나이, 성적 특징을 가진 섹스 로봇들이 등장할 것이며 섹스 클럽의 일반 업무도 로봇들이 담당할 것이다.

섹스로봇은 박테리아에 내성을 지닌 섬유질로 만들어지고 사람의 몸에서 나온 체액은 깨끗이 씻겨 고객과 로봇 사이의 접촉으로 질병이 옮는 일은 없을 것이라고 한다. 고객들은 실제 인간과 성적 접촉을 하는 게 아니기 때문에 죄책감이 덜하고 배우자 등 주변 사람들에게 거짓말을 할 필요도 없을 것이라고 한다. 황당하다 싶지만 얼마든지 가능한 이야기다. 영화 〈오스틴 파워〉에서 여성(female)과 로봇(robot)이라는 단어가 조합된 '펨봇(Fembot)'이 등장했는데, 이 펨봇들이 아내의 자리를 꿰차거나 인간을 대신하는 파트너로 행세할 날이 멀지 않았다.

아내는 바꿀 수 있지만 아내의 성격은 절대 못 바꾼다. 아무리 성격을 바꾸라고 애원해봤자, 소용없다. 타고난 성격은 낮에 해가 뜨고 밤에 달이 뜨는 것처럼 절대 바꿀 수 없다. 참고 살든 아내를 바꾸든 둘 중 하나를 선택해야 한다. 하지만 로봇이라면 걱정할 게 없다. 제 입맛에 맞게 얼마든지 바꿔가며 살 수 있으니 얼마나 좋은가.

남자들은 이를 앙다물고 현실을 견뎌야 한다. 두 주먹 불끈 쥐고 참고 견디다 보면 좋은 날이 온다. 오고야 말 것이다. 아름다운 펨봇들의 지극한 사랑과 보살핌 속에서 꿈 같은 날을 맞을 그날이, 오고야 말 것이다. 그러니, 좌절 금지!

남자여
꽃이 되려 하지 마라

식당에서 희한한 일이 벌어졌다. 커플로 보이는 젊은 두 남녀가 참으로 기이한 광경을 연출해 사람들 눈을 휘둥그레 만들었다.

여자가 '철썩' 소리가 나도록 남자의 뺨을 후려갈겼다. 그리고 소리쳤다. "야, 이 새끼야. 그럼 네가 잘했다는 거냐?" 남자는 말없이 여자를 바라보았다. 여자가 다시 한 번 남자의 뺨을 때렸다. 철썩 소리가 났다. 여자는 소리를 질렀다. "왜 말이 없어, 이 새끼야?" 남자가 말없이 여자의 얼굴을 바라보았다. 여자는 분이 안 풀렸는지 가방을 들어 남자의 머리통을 내리쳤다. 그리고 소리를 질렀다. "왜 말이 없어, 새끼야." 남자는 고개를 숙였다. 여자의 질책과 훈계가 이어졌다. 사람들은 젓가락질을 멈추고 그 광경을 지켜보았다. 사람들은 너나 할 것 없이 쯧쯧, 하고 혀를 찼다. 식당에서 느닷없이 헤어지자고 말하는 개그콘서트 속 이야기라면 웃기라도 하겠지만, 이건 납득이 안 되는 풍경이었다.

강남의 어느 아파트단지 산책로 입구에서도 희한한 꼴이 목격되었다. 여자는 벤치에 앉아 있고, 남자는 그 앞에 무릎을 꿇고 있었다. 젊은 연인 사이로 보였다. 여자가 소리 높여 남자를 꾸짖고 있었다. 여자의 히스테

럭한 목소리가 매미들의 발광적인 울음과 뒤섞였다. 남자는 거듭 머리를 조아렸고, 여자는 매미보다 더 날카로운 소리를 내며 자지러지고 있었다. 무슨 잘못을 했을까. 사람들은 시선을 피하며 제 갈 길을 갔다. 여름 한낮의 녹음 우거진 산책로 풍경이 그랬다.

대세는 기울었다. 남자가 맞고 사는 세상이다. 때리고 사는 못난 남자들도 많지만 맞고 사는 한심한 남자도 수두룩하다. 그냥 져주고 맞아준다고 하지만 이건 좀 심하다. 드러내놓고 말을 안 할 뿐이지 맞으면서도 맞았다고 말 못하는 남자들이 득실거린다.

요즘은 초식남이 대세다. 풀을 뜯어먹고 사는 인간이라는 뜻의 이 기묘한 단어가 요즘 남자들의 현주소를 적나라하게 보여준다. 근육질의 우직한 돌쇠형이 육식남이라면 여자처럼 간지러운 인간이 초식남이다. 자신의 관심분야나 취미활동에는 적극적이지만 연애나 결혼에는 소극적인 남자가 초식남이다. 한마디로 내시 같은 남자가 초식남이다. 요즘은 남자아이들을 어릴 적부터 초식남으로 만들겠다고 작정한 것처럼 보인다. 형제도 많지 않은데다 엄마들이 끼고 살아 남자다운 기운을 키우지 못하는 것이다. 엄마의 시각으로 조심해라, 다칠라 하면서 화초처럼 키우니 아이가 씩씩하지 못한 것이다.

학교에서도 마찬가지다. 여교사들이 다수인 학교에서 남자아이들이 제대로 훈련을 받지 못한다. 수업시간이나 쉬는시간은 물론 체육시간에도 남자아이들이 새색시처럼 굴도록 한다. 초등학교 6년 내내 여자담임만 만나기도 한다. 아이 담임이 남자교사, 그것도 젊은 남자면 엄마들이 좋다고 펄쩍 뛴다. 학교 급식당번을 나가더라도 총각선생님이 있는 반 엄마들은 콧노래를 부른다.

학교 풍경도 많이 달라졌다. 남자아이들은 옹기종기 모여 앉아 공기놀이를 하고 여자아이들은 소리를 지르며 뛰어다닌다. 여자아이가 남자아이를 패기도 한다. 옛날 생각하면 한숨이 절로 나온다. 운동장에서도 축구를 하지 못하게 하고 여자아이들처럼 얌전하게 굴지 않는다고 혼낸다. 남자아이들에게 얌전하게 굴라는 것은 고문이나 다름없다.

초식남, 애완남, 포켓남이 대세라고 하지만 정도가 심하다. "남자가 울면 안 돼" 하고 가르치면 스트레스가 쌓여 정신 건강에 좋지 않다고 하지만 천만의 말씀이다. 솔직한 감정 표현도 좋지만 때로는 이를 악물고 어려움을 이겨내야 할 때도 있다. "그래, 울고 싶으면 마음껏 울어라!" 하고 키우니 군대 간 녀석이 엄마한테 전화를 걸어 "전쟁 나면 큰일난다"며 울먹이는 것이다. 아무튼 이 초식남이라는 얄궂은 단어가 일본에서 건너와 이제는 대한민국에도 대세로 굳어지고 있다. 남자들이 앞다퉈 화장을 하고 피부관리를 한다. 성형수술도 마다하지 않는다. 예쁘다 소리 듣기 위해서라면 앉아서 오줌을 누는 것도 마다하지 않을 태세다.

초식남이 청춘들만의 것이 아니다. 꽃중년이라 하여 이미 청춘의 기미가 사라진 남자들도 초식남의 대열에 합류한다. 아저씨라는 불쾌하고 짜증나는 단어 대신 꽃중년, 즉 예쁜 중년 소리를 듣고 싶어 안달하는 것이다.

피부를 관리하고 화장품을 구입하는 데 주저하지 않는 젊은 남자를 일컫는 그루밍족이 꽃중년에게도 해당되는 것이다. 꽃중년들을 위한 백화점 명품매장 매출이 가파르게 치솟고 있다. 가족을 위해 지갑을 열던 아버지들이 그들 스스로를 위해 돈을 쓰기 시작했다. 아내와 동행하지 않고 홀로 쇼핑에 나서는 용감한 사람들도 많다. 아내의 취향이 아닌, 자신의 개성에 맞게 물건을 고르는 것이다.

꽃중년을 루비 족(RUBY)이라고도 한다. 'Refresh, Uncommon, Beautiful, Youthful'의 머리글자로 만들어진 이 단어는 신선하고 평범하지 않으며 아름답고 젊게 살아가는 중년을 가리킨다. 노무족(NOMU)도 그렇다. 'No more uncle'의 줄임말이니, 아저씨라 불리기를 거부하는 나이와 상관없이 자유로운 생각과 태도를 가진 중년이다. 신레옹족도 마찬가지다. 가정에서는 자상하고 편안한 아버지이지만 바깥에서는 패션신사인 중년 남자다. 일본 중년 남성을 대상으로 하는 패션잡지 〈레옹〉에서 따왔다.

'사오정'이니 '오륙도'라는 조롱 섞인 이 단어는 이제 아저씨라는 말과 함께 폐기처분되어야 마땅하다. 올챙이처럼 볼록한 배를 부의 상징이라 여기는 한심한 사람은 없다. 머릿속에는 청춘의 기운이 가득하고 철저하게 자신을 관리하며 호기심과 탐구심을 잃지 않고 사는 것, 그것이야말로 이 시대 중년의 삶인 것이다.

대한민국 남성들의 평균 수명이 80세를 바라보고 있다. 나이 마흔이면 한창이다. 스스로 기가 꺾여 아저씨 행세를 해서는 안 된다. 톰 크루즈를 보

자. 우리 나이로 오십이 되어도 팽팽한 기운이 넘친다. 복근이며 옷 입은 그 맵시를 보면, 그는 결코 오십 아저씨가 아니다. 〈신사의 품격〉에 등장한 장동건과 그의 친구들을 보더라도 마흔이면 꽃이다. 꽃 중의 꽃이다.

꽃중년이 되려면, 우선 나이에 얽매이지 않는 유연한 사고방식과 행동패턴을 가져야 한다. 문화를 적극적으로 즐기고, 패션에도 민감해야 한다. 피부미용은 기본이고, 인터넷문화에도 익숙해야 한다. 권위적인 태도 대신 세대간 간격을 좁히기 위해 노력해야 한다.

꽃중년, 솔직히 말하면 아무나 하는 거 아니다. 꽃중년도 돈 있는 사람 이야기다. 당장 먹고 살기 힘든 사람에게 꽃중년이라니 턱도 없는 소리다. 피부관리다 패션이다 하는 것들도 돈 없으면 그림의 떡이다. 톰 크루즈, 장동건의 공통점은 돈이 많다는 점이다. 아무리 장동건처럼 멋있게 생겨도 돈 없으면 그냥 거지 소리 듣는다. 그러니 꽃중년이 되려고 하지 말고 돈을 벌어야 한다. 돈 있으면 저절로 꽃중년이 된다.

사위는 손님도 아니다

대한민국 여성의 가장 큰 로망은 사모님이다. 의사, 변호사 같은 고소득 전문직이나 고위공직자, 대기업 사장이나 임원 등 사회적으로나 경제적으로 번듯한 위치에 오른 남편을 두어 사모님 소리 듣고 사는 것이다. 스스로 전문직 종사자가 되려는 여성이 늘고 있고, 국가고시에서도 여성의 합격률이 비약적으로 늘고 있지만 딸 가진 엄마들의 로망은 여전히 딸이 시집가서 사모님 소리 듣고 사는 것이다.

딸이 의사나 변호사, 교수 같은 근사한 직업을 갖는 것도 중요하지만 먼저 딸보다 능력 있는 사위를 맞아야 한다고 생각한다. 아무리 딸이 출중하고 능력이 뛰어나도 그보다 능력 있고 멋진 남편을 두지 않으면 뭔가 허전하고 부족한 느낌을 지울 수 없다. 그래서 사위를 맞을 때 능력이 있는지를 가장 먼저 살피게 된다. 이 부분에서 엄마와 딸이 완전히 한통속이 된다. 사랑 없이 살아도 돈 없이는 못 산다는 생각에는 엄마와 딸이 100퍼센트 일치한다. 제아무리 허우대 멀쩡하고 매너 좋아도 능력 없으면 아무 소용이 없다. 남녀가 만나 실제 교제하는 모습을 보여주는 어느 TV프로그램에서 바람둥이라며 하나같이 싫어했던 남자가 알고 보니 명문대 졸업생에 알아주는 대기업에 근무하고 있다는 사실이 밝혀지자 여자들의 태도가 180도 달라졌다. 느끼한 눈빛이라며 싫어했던 여자들이 그 눈빛이 알고 보니 진실된 눈빛이었다며 호감을 드러냈던 것이다. 호남형의 다른 남자는 좋은 대학을 나오지 못한 데다 직장도 시원찮다는 것이 밝혀지자 여자들의 관심도가 급격하게 떨어졌다.

그런 세상이 된 것이다. 남자는 무조건 능력이 있어야 결혼도 할 수 있고 대우받을 수 있게 됐다. 그렇다고 옛날에는 그러지 않았느냐 하면 그렇지는 않다. 옛날에도 비슷한 집안끼리 정략적으로 사돈을 맺기도 했다. 대통령 자식과 재벌가 자식이 부부가 되는 것이 그런 예다. 그런 집안간 혼인이야 보통사람과는 거리가 먼 이야기다. 최고의 조건을 갖춘 그들은 행복하게 살 줄 알았는데, 결국 파혼했다는 소식을 접하면 '그런 사람도 부족한 게 있나보다' 하고 스스로를 위안할 뿐이다.

남자의 능력을 집중적으로 따지는 세상이 되다 보니, 사위들이 뜻하지 않은 난관에 부딪치게 되었다. 시원찮은 남편 만나 사모님 소리 듣지 못한 한을 딸을 통해 풀겠다는 야심찬 엄마들이 대거 등장하고 있기 때문이다. 손에 물 안 묻히게 해주겠다며 입에 발린 소리를 하더니 결국 고생바가지 인생을 살게 된 엄마는 가슴에 한이 맺힌다. 그런 남편이 예쁠 리 만무하고 딸만큼은 엄마처럼 살게 하지 않을 것이라며 다짐에 다짐을 한다. 딸이 결혼을 할 때 사윗감의 능력을 따지고 결혼을 결정하는 것도 다 엄마가 나서서 한다.

사모님 소리 듣고 산 엄마는 더하다. 팔자가 좋아 능력 있는 남자 만나 사모님 소리 들어가며 우아하게 산 엄마는, 그 딸 역시 당연하게 사모님 인생을 살아야 한다고 믿는다. 의사, 변호사, 교수 같은 근사한 직업을 가진 사위를 맞으려 하는 것은 당연하다. 명문대 학생 중 똘똘하다 싶은 놈이 있으면 콕 찍어 미리 사위로 내정하기도 한다.

형편이 넉넉치는 않지만 명문대 학생으로서 장래가 촉망된다 싶으면 데릴사위로 바로 삼기도 한다. 집안에 들여 먹고 자게 하면서 공을 들이고 학비며 용돈도 아깝다 하지 않고 내준다. 그렇게 데릴사위 노릇을 하게 된 남자는 제 엄마보다 여자 엄마가 더 소중한 줄 알고 평생 충성을 맹세하기도 한다. 문제가 있어 여자와 헤어지기라도 하면 바로 보복을 당할 수도 있다. 평생 죽을 고생하며 아들 하나 잘 키웠다며 무한한 자부심을 느꼈을 남자의 엄마는 그런 속사정도 모르고, 아들이 서울에서 공부 잘하고 있겠지, 하며 그리움을 달랠 것이다.

그렇게 공을 들이고 투자를 한 사위라면 그 장모가 가만히 놔둘 리 없다. 평생 감 놔라 배 놔라 간섭하고 제 딸한테 털끝만큼이라도 해가 된다 싶으면 바로 하이킥을 날린다. "네가 누구 덕에 이만큼 사는데?" 하는 마음이 가득한 장모에게 사위는 백년손님이 아니라 백년머슴이다. 그러니 그 딸마저 기고만장해 남편 알기를 오라면 오고, 앉으라면 앉는 착하고 말 잘 듣는 강아지쯤으로 안다.

그런 말 잘 듣는 강아지가 어느 날 갑자기 왈왈 짖거나 엉뚱한 짓을 하게 되면 바로 쫓겨나거나 끔찍한 보복을 당할 수도 있다. 당연히 본가 식구와 멀어지고, 처가의 머슴으로 충직하게 살아갈 뿐이다. 대한민국 역사 이래 오늘날처럼 여성의 입김이 센 적이 없다. 세계 어디에 내놔도 뒤지지 않는다. 집안의 권력은 이미 장악한 지 오래고, 고부갈등이 여전하다고 하지만 이미 게임은 끝났다. 며느리의 일방적 승리다. 요즘 시어머니들은 아예 링에 오를 생각을 하지 않는다. 괜히 호기롭게 링에 올랐다가 본전도 못 찾고 묵사발 된다는 걸 안다. 자식도 편들어주지 못하는 처지라는 것도 안다.

남편 제압하고, 시어머니까지 물리친 마당에 파릇한 사위 하나쯤 다루는 건 일도 아니다. 식은 죽 먹기다. 그런 엄마의 권세를 등에 업은 아내 역시 절대강자일 수밖에 없다. 그런 장모와 그 후계자인 아내가 한 세트로 달려들면 보나마나다. 소 잡는 칼로, 그것도 두 개로 닭을 잡겠다며 모가지를 비트는 차마 눈 뜨고 볼 수 없는 처참한 꼴이 연출되는 것이다. 명문대를 졸업하고 대기업에 들어간 남자가 대학시절부터 사귀던 여자가 있었다. 남자가 여자를 얼마나 좋아하는지 자다가도 "오빠, 나와" 하면 용수철처럼 튀어 나갔다. 죽으라면 죽는시늉을 하고, 달을 따오라 하면 점프를 하며 달 따는 시늉을 했다.

남자는 그러나 돈이 없었다. 집안도 별 볼 일 없었다. 여자의 부모가 결혼을 반대했다. 여자는 '오빠는 좋은 사람'이라며 부모를 설득했다. 차라리 굶어 죽겠다는 딸을 부모도 어쩌지 못했다. 남자가 집 얻을 돈이 없으므로 여자 집에 들어가 살기로 했다.

신혼여행을 다녀온 순간부터 불행의 그림자가 비쳤다. 사위를 바라보는 장모의 표정이 벌레 씹는 것처럼 보였다. 그렇잖아도 주변머리가 없는 남자는 그런 장모가 어색하고 불편했다. 아내는 엄마한테 싹싹하게 굴라고 했다. 하지만 제 엄마하고도 말 섞기 불편해 하는 남자가 싹싹하게 장모를 대한다는 것 자체가 말이 안 되는 소리였다.

장모는 사위를 볼 때마다 한숨을 쉬었다. 밥 먹을 때면 남자는 자신이 얻어먹는 거지처럼 느껴졌다. 휴일이면 남자를 빼고 저희들끼리 여행을 떠났다. 여자의 태도도 변하기 시작했다. '오빠는 좋은 사람'이라며 편을 들었던 아내는 '오빠는 너무 거지스타일'이라며 짜증을 내기 시작했다. "엄마한테 잘하기를 하나, 돈이 많기를 하나, 뭐 제대로 된 게 하나도 없어. 정말 거지 같아!" 라고 말했다.

정말 거지 같은 마음이 된 남자가 방황하기 시작했다. 두 눈 부릅뜨고 살피는 장모가 있는 그 집이 끔찍하게 싫어졌다. 아내는 집에 일찍 들어오라는 소리를 하지 않았다. 하숙생도 아닌 것이, 거지도 아닌 것이, 그렇게 이상한 동거가 이어졌다. 매일 사랑과 전쟁이었다. 여자는 남자를 공격했다. "오빠 때문에 내 인생이 이상해진 것 같아." 남자는 알고 있었다. 장모가 매일 여자를 앞에 두고 "그놈 때문에 네 인생이 이상해졌어. 이것아!" 하고 말한다는 것을.

그렇게 2년을 버텼다. 남자는 가방을 챙겼다. 제 물건이라고는 몇 가지 옷뿐이었다. 트렁크로 하나였다. 그걸 들고 남자는 집을 나왔다. 제 집이 아닌 장모의 집을 나온 것이다. 장모는 왜 나가느냐 묻지 않았다. 여자도 말이 없었다. 이혼 수속을 밟고, 둘은 다시 남남이 되었다. 남자는 가끔 여자가 그립다고 했다. 장모가 유별나지 않았더라면 여자도 그렇지 않았을 것이라 생각했다. 그렇다고 장모를 원망하지는 않는다고 했다.

남자는 어느덧, 불혹을 넘겼지만 여전히 혼자다. 이골이 날 만도 하지만 여전히 외롭다. 쓸쓸한 그는 자주 방황한다. 밤거리를 어슬렁거리기도 하고, 예정에도 없는 여행을 떠나기도 한다. 사위에게 씨암탉 잡아준다는 장모들은 이제 거의 다 죽고 없다. 그런 장모 보기가 솔숲에서 바늘 찾기다. 솔숲의 바늘처럼 희귀한 그런 장모는 잘난 사위를 둔 장모다. 딸이 복이 있는지 그럴듯한 사위를 들였다 싶어야 씨암탉 잡아주고픈 마음이 생긴다. 별 볼 일 없는 사위는 동네 치킨도 제대로 못 얻어먹는다. 그게 인심이고 세상 이치다.

데릴사위 노릇하려면 갖은 수모를 각오해야 한다. 세상에 공짜는 없다. 처가에서 장사 밑천을 댔거나 빚을 대신 갚았거나 근사한 직장에 취직을 시켜주었다든가, 아니면 미래에 재산을 넉넉하게 물려받기로 돼 있다면 군말 없이 머리 조아리고 살아야 한다. 세상에 잇속도 챙기고 자존심도 챙기는 그런 꿩 먹고 알 먹는 장사는 없다.

며느리는 시가의 구성원으로 당당하게 행동한다. 요구할 게 있으면 고개 꼿꼿이 세우고 "내 몫을 주시오" 하고 말할 수 있다. 재산이 좀 있다 싶은 집안에서 형제의 난, 어쩌고 하면서 싸우는 것도 사실은 여자들의 전쟁이다. 남자들은 그저 앞에 내세운 인형일 따름이고, 뒤에서 원격조종하는 것은 여자들이다. 여자들이 리모트 콘트롤을 딱 쥐고 남자를 이리저리 조종하고, 남자들은 로봇처럼 움직이는 것뿐이다.

요즘 며느리들은 옛날처럼 시댁에 헌신하고 시댁 식구한테 고개 숙이며 살지 않는다. 그럼에도 제 할 말은 다한다. 하지만 사위는 그렇지 않다. 아내들 기세에 눌려 처가에 할 도리를 다 하면서 정작 처가에서 당당하지 못한 경우가 있다. 장모의 성에 차지 않는 남편들이 특히 그렇다. 내 딸도 사모님 소리 듣고 살았으면 하고 바랐는데, 남편 잘못 만나 고생하고 있다 싶으면 열불이 나는 것이다. 그러니 죽기 살기로 처가에 잘한다고 해도 장모 눈에 들지 않는다. 무슨 짓을 해도 마음에 들지 않는 것이다.

사위가 잘 나갈 때는 장모의 사위 사랑이 이만저만이 아니다. 아들보다 더 귀한 사위라며 자랑을 해댄다. 일이 잘못돼 사위가 엎어지거나 자빠지기라도 하면 태도가 달라진다. 부모는 자식이 잘못되면 위로하고 손내밀어 일으켜 세운다. 넘어진 자식이 가여워 밥 한술이라도 더 먹이려 든다.

사위는 다르다. 넘어진 순간, 바로 질책과 원망이 쏟아진다. 넘어진 사위를 불러들여 장모가 말한다. "자네, 이제 어떻게 할 건가?" 넘어졌으니 자기 딸 어떻게 먹여 살릴 것인지 따져 묻는 것이다. 넘어진 사위 걱정은 눈곱만큼도 없다. 넘어진 사위가 보기 싫을 따름이다. 사모님 소리 듣고 살아야 할 딸이 고생이나 하지 않을까, 그게 더 걱정이다. 딸이 마음잡고 같이 살고 싶어도, 엄마의 등살에 못 이겨 이혼하는 경우도 허다하다.

장모는 사위는 자식 아니냐고 말한다. 사위가 잘 나갈 때는 당연 자식이다. 설사 별 볼 일 없는 사위여도 자식처럼 처가에 헌신하고 봉사하는 것이 당연하다는 것이다. 하지만 권리를 행사하거나 내 주장을 내세우면 분위기가 달라진다. "자네가 왜 나서는가? 자네는 몰라도 되네. 우리 집안일이야. 딸은 출가외인이야. 자네가 책임져야지."

자신들의 의견과 다르거나 재산과 같은 민감한 부분에 대해서는 '사위도 자식이다'는 말이 해당되지 않는 것으로 간주한다. 궂은일이 있을 때는 당연한 것처럼 불러들여도 정작 중요한 집안일은 자기들끼리 모여 결정해버린다. 심지어 사위를 바깥에 세워두고 자기 피붙이들끼리만 모여 숙덕거리기도 한다.

처가식구 인격이 아무리 훌륭해도 결정적인 순간이 되면, 다 아내 편이 된다. 피는 물보다 진하고, 팔은 안으로 굽는다. 가재는 게 편이다. 훌륭한 인격만큼 훌륭하게 판단할 것으로 기대하면 오산이다. 상황이 좋을 때는 모두가 한 가족이지만 형편이 나빠지면 언제 봤더라, 하는 게 처가다. 원래 그런 것이다.

사위로 처신하기가 쉽지 않다. 군자는 나서야 할 때와 물러날 때를 알아야 한다고 했다. 그래서 군자가 아닌 사위는 애매하기만 하다. 그러거나 말거나, 성심성의껏 제 요량대로 열심히 하다 보면 구박덩어리 신세는 면하겠지, 하고 사는 수밖에. 사위도 자식이라는 말, 잘 새겨들어야 한다.

여행을 떠나요
혼자서

여행은 나를 만나러 가는 것이다. 나는 나와 늘 함께 있지만, 나는 나를 잘 만나지 못한다. 내가 나를 만나지 못하는 것은 일이 너무 많거나 만나야 할 다른 사람이 너무 많기 때문이다. 그러니 내가 나를 만나기 위해선 다른 사람들이나 일로부터 나를 떼놓아야 한다. 멀리 가지 않아도 된다. 가까운 숲길이어도 좋고 뒷동산도 좋다. 호젓한 골목길도 좋고 낙엽 뒹구는 도심 어디에서라도 나를 만날 수 있다.

한창일 때는 혼자만의 시간을 갖기 힘들다. 혼자 있고 싶어도 세상과 가족이 가만 놔두지 않는다. 등산을 가도 어울려 가야 하고, 소풍을 가거나 여행을 떠나도 가족 동반이어야 한다. 왕성할 때는 가족이든 직장 동료든 누구한테 필요한 존재고 그래서 홀로 있을 시간이 없다.

나이가 들어 쓸모가 없어지면 나를 부르는 곳도 적어진다. 아내는 아내대로 자신만의 세상이 따로 있고, 아이들은 이미 품을 떠난 지 오래다. 어느 순간 집에 혼자 덩그러니 남은 자신을 발견할 날이 온다. 지지고 볶으며 때로는 지긋지긋하고 때로는 다 놓아버리고 싶은 가족이고 가정이지만 어느 순간 다 떨어져 나가고 저 혼자 빈 집 지키는 신세가 되는 것이다.

나이가 들수록 여자는 현명해진다. 가슴 사이즈는 줄어들어도 마음의 사이즈는 더 넓어진다. 아무리 퍼내도 마르지 않는 샘물처럼, 자식에게 손자에게 끊임없이 내어준다. 내어주어야 즐거운 줄 알고 행복한 줄 안다. 친구도 그렇다. 여자들은 쪼글쪼글한 얼굴로도 서로를 반기고 쓰다듬을 줄 안다. 나눠 먹을 줄도 알고 어울려 놀 줄도 안다. 산으로 들로 나물을 캐러 다닐 줄도 알고, 아이들처럼 "호호" 하며 재미나게 이야기꽃을 피울 줄도 안다.

남자는 반대다. 줄어든 정력처럼 마음의 열정도 줄어들고 너그러움도 사라진다. 남의 말에 귀를 틀어막고 자신의 주장만 옳다 고집한다. 품고 쓰다듬는 대신 왜 대접하지 않느냐 알아주지 않느냐, 투정 부리고 역정 낸다. 쓸데없이 눈물을 쏟아내 사람들을 당황하게 만든다. 늘어진 테이프처럼 밑도 끝도 없이 흘러간 옛날이야기를 주절거린다. 젊은이들은 천장을 바라보거나 돌아서 하품을 한다. 프랑스 문필가 앙드레 모루아의 《나이 드는 기술》에 이런 구절이 나온다.

> 서투르게 나이 먹는 방법도 한두 가지가 아니다. 그중에서도 가장 꼴불견은 자기에게서 떨어져나가는 것을 악착같이 붙들려고 하는 모습이다. 지위를 물려주려고 하지 않는 실업가는 어디에서나 볼 수 있는 예다. 그에게 자식들을 권력의 자리에 참가시킬 만한 지혜가 있었다면 좋은 아버지라는 말이라도 들었을 텐데, 위신만 내세운 채 마치 노예와 같은 상태로 그들을 묶어놓고 있다. 아들이나 딸은 가난하게 살고 있는데 자기는 뜻대로 되지도 않는 쾌락의 대금을, 떨리는 증세가 나타난 양 손에 꽉 붙들고 있는 탐욕스런

어버이가 있는가 하면, 이제 곧 저승으로 가야 하는데도 여전히 질투나 후회에 사로잡혀 인생 최후의 시간을 엉망으로 만들어버리는 늙은 야심가도 있다. 나이 드는 기술이란 뒤를 잇는 세대의 눈에 장애가 아니라 도움을 주는 존재로 비치게 하는 기술, 경쟁상대가 아니라 상담상대라고 생각하게 하는 기술이다.

남자란 동서양을 막론하고 이처럼 나이 들수록 무언가에 집착하고 고립을 자초한다. 설령 지혜로운 노인이라는 소리를 들어도 고립은 피하기 힘들다. 자식들은 곁에 없고 아내는 제 세상으로 돌아다니느라 바쁘다. 그런 아내 뒤를 졸졸 따라 다녀봤자, 구박만 받는다. 나이든 남자는 어딜 가도 누구한테도 환영받기 힘들다. 딱 하나, 돈이 있으면 사정이 달라진다. 노인을 사랑하는 게 아니라 돈을 존경하기 때문이다.

돈이 없어도 진심으로 어버이를 사랑하고 존경하는 자식들이 많다. 하지만 마음이 아무리 지극해도 현실적으로 어버이를 위해 할 수 있는 게 별로 없다. 그 자식들은 또 그들의 자식들을 키우기 위해 애써야 하고, 부모 곁에 머물 수 있는 형편도 안 된다. 늘 마음뿐이다. 사실 그 마음뿐인 것만도 감사할 일이다.

어쨌거나 돈이 있으나 없으나 홀로 된다는 것은 틀림없는 사실이다. 젊어서도 홀로 된 느낌으로 쓸쓸하기는 마찬가지지만 그 정도가 다를 것이다. 쓸쓸한 것은 당연한 일이고, 홀로 남겨진다는 것도 필연이고 운명이다. 홀로 되는 것도 연습이 필요하다. 먼저 아내로부터 독립할 수 있어야 한다. 철부지 아이처럼 아내 치맛자락을 붙들고 늘어져서는 안 될 일이다. 오십이 넘어서까지 평생을 혼자 집 밖을 나서지 못하는 남자도 있다. 회사 출근하고 친구 만나는 것은 할 줄 알아도 혼자 여행 가거나 하룻밤 자고 오는 것도 무서워하는 희한한 사람이 있다. 출장은 가지 않냐고 하지만, 퇴직할 때까지 출장 한 번 안 가는 직장도 있다. 땡 하면 출근하고, 땡 하면 퇴근하는, 1년 365일, 눈이 오나 비가 오나 바람이 부나, 시계처럼 사는 사람도 있다.

이런 남자들이 위험하다. 아내와 같이 붙어지내는 시간이 많은 남자는 두 가지 타입이다. 하나는 자상하게 아내 기분을 맞춰 신뢰를 얻는 것이고, 하나는 철부지 아이나 독재자처럼 굴어 아내로부터 믿음을 얻지 못하는 것이다. 첫 번째 케이스라면 나중에 퇴직하더라도 구박을 덜 받겠지만, 두 번째 경우는 보나마나다.

시계불알 인생을 살아온 남자는 제 스스로 할 수 있는 게 없다. 그래서 어린아이처럼 아내가 일일이 챙겨주어야 한다. 이런 남자가 저 홀로 여행 가서, 하루 이틀 자고 오라고 하면 고개를 저을 게 뻔하다. 보통 남자는 아내 없이는 가도 돈 없이는 못 가겠다 하겠지만, 이런 남자는 반대다.

이런 타입일수록 홀로 여행을 떠나는 연습을 해야 한다. 나중에 퇴직하고 치맛자락 붙들고 있는 손을 아내가 냉정하게 뿌리쳤을 때, 그때 울며 후회하면 늦다. 한창 때 적어도 돈벌이 제대로 하고 남자 구실 할 수 있을 때, 홀로 떨어져 사는 법을 익혀야 한다. 홀로 떠나는 여행이야말로 아내로부터 떨어져 독립할 수 있는 힘을 기를 수 있는 최고의 선물이다.

여행을 떠나려면 목적지를 정해야 한다. 이런 것마저도 아내한테 물어보고 결재를 받는 인간이라면, 더 독한 마음으로 홀로 여행을 떠나야 한다. 평소 가고 싶었던 곳을 골라 어떻게 다녀올 것인지 정한다. 기차를 탈 것인지, 버스를 탈 것인지, 아니면 자동차를 몰고 갈 것인지 스스로 결정한다. 숙박은 어디에서 할 것인지, 밥은 어떻게 먹을 것인지도 정해야 한다. 초등학생도 아닌데, 뭘 이렇게까지 해야 되나 싶지만 진짜 이런 사람이 있다.

여행을 실감나게 하는 것은 짐꾸리기다. 집을 떠나 있는 동안 없으면 안 되는 것들을 챙기다 보면 삶에 있어 무엇이 소중한지도 보인다. 요즘에는 어딜 가도 돈만 있으면 거의 다 해결할 수 있기 때문에 많은 짐이 필요하지 않다. 하지만 돈이 있어도 구할 수 없는 꼭 그곳, 그 시간에만 필요한 것들은 미리 챙기지 않으면 안 된다.

여행을 떠났으면 일상의 짐을 내려놓아야 한다. 여행에 몰입해야 한다. 제주도 올레길을 그야말로 전투적으로 걷는 중년여성이 있었다. 그녀는 여름 햇살이 내리쬐는 길을 시종 빠른 걸음으로 걷고 걸었다. 그 와중에 끊임없이 통화를 해댔다. 낯선 사람들도, 그녀가 서울에서 왔고, 식당을 경영하고 있으며 자식은 아들과 딸이 있으며, 남편은 직장인이라는 걸 알 수 있었다. 그녀는 챙겨야 할 식당과 자식, 남편들을 두고 금쪽같은 시간을 내 제주도로 내려 왔을 것이다. 하지만 몸만 제주도에 왔을 뿐 마음은 온통 서울에 가 있었던 것이다. 눈은 제주도의 아름다운 풍광을 바라보고 있지만 마음은 자식과 남편, 식당으로 가득했을 것이다.

아내를 엄마처럼 알고 사는 남자도 여름 뙤약볕이든 찬바람 몰아치는 한겨울이든 올레길 같은 곳을 걷고 또 걸어야 한다. 아내에게 의존하는 남자는 걷다가, 문득 아내 생각에 울컥하거나 휴대전화를 만지작거릴 것이다. 수없이 통화버튼을 누르거나 사진을 찍어 전송하느라 바쁠 것이다. 제주도 푸른 바다는 집어 치우고 휴대전화 속 아내의 얼굴을 들여다보며 눈물을 글썽일지도 모른다.

그렇게 걷다가 낯선 식당에서 밥을 먹어보아야 한다. 낯선 곳에 홀로 떨어져 혼자 먹는 밥맛이란 이런 것이지, 하고 느껴 보아야 한다. 먹다 남은 김치를 내놓거나 조금 덜 따뜻한 밥을 내놓으면 들었던 숟가락을 탁 내려놓고 돌아서도 야단맞지 않는 집을 생각하면서 혼자 밥을 먹어보아야 하는 것이다.

홀로 석양을 바라볼 수 있어야 한다. 순천만의 낙조도 홀로 바라볼 줄 알아야 하고, 캄보디아 퐁네샵의 석양도 홀로 바라볼 줄 알아야 한다. 하와이 와이키키 해변의 석양도 홀로 바라볼 줄 알아야 한다. 홀로 바라보면서 그리워할 줄도 알아야 한다.

잠도 홀로 자 보아야 한다. 살 섞고 살면서도 외롭다 뒤척이던 남자도, 매일 끌어안고 입을 맞추고 살갑게 지내는 금슬 좋은 남자도 홀로 자 보아야 한다. 아내를 엄마처럼 여기고 사는 남자는 엄마품을 떠나서도 홀로 잘 수 있다는 걸, 홀로 자면서 깨달아야 한다. 따뜻하지만 언젠가 떠나야 할 엄마품처럼 아내의 품도 그렇다는 것을, 홀로 자면서 깨달아야 한다.

낯선 사람들도 만나 보아야 한다. 보고 있어도 보고 싶은 엄마 같은 아내가 아니라 생전 처음 보는 낯선 여인의 얼굴도 들여다볼 줄 알아야 한다. 때로는 무섭지만 그래도 엄마 같아서 좋은 아내가 아니라 생면부지의 여인에게서도 위안받을 수 있다는 걸 알아야 한다. 봄 햇살 쏟아지는 들판에서, 굽은 등이 더욱더 굽은 채 나물을 뜯는 할머니 곁에 다가가서 "할머니 뭐 하세요?" 하고 물었다가 할머니 어린시절부터 시집가서 첫째 낳고, 둘째 낳고, 셋째 낳고, 넷째 낳고, 다섯째 낳고, 여섯째 낳고, 일곱째 낳고, 첫째 손자 태어나고, 그 손자 초등 졸업하고, 중학 졸업하고, 고등 졸업하고 마침내 대학 졸업해 서울에서 잘 살고 있다, 는 그런 이야기도 들어보아야 한다. 지금은 곁에 없는 우리 할머니, 혹은 엄마를 생각하면서, 잠시나마 아내를 잊을 줄도 알아야 한다.

등산용품 잔뜩 꾸려 들로 산으로 가족들 이끌고 캠핑을 떠나는 멋쟁이 아빠도 많다. 그런 품격 있는 남자도 홀로 여행을 떠나보아야 한다. 떠나서, 홀로 밥 먹으면서, 아내 생각 아이들 생각에 눈물을 흘리는 한이 있더라도 목이 메여 밥이 걸리는 한이 있더라도, 텐트 밖으로 부는 바람에 잠을 설치며 또 눈물을 흘리더라도, 홀로 떠나보아야 한다. 홀로 되는 것도 연습이 필요하다.

무엇이 남자를 구원하는가

누구나 교회에 관한 추억 하나쯤은 있다. 시골에는 미루나무보다 키가 큰 교회가 있었고, 도시에서도 가장 높은 건물은 단연 교회였다. 그 시절, 어린아이들은 대개 나이롱신자였다. 크리스마스에만 얼굴을 내밀거나 여름 성경학교가 열리는 동안에만 열성 신도가 되었던 것이다.

여름성경학교에선 서양인 선교사가 서툰 우리말로 "양들아!" 하면 아이들이 입을 모아 "메에에에~" 하고 외쳤다. 그러면 아이들 손에 아이스바를 하나씩 쥐어주었다. 코밑 시커먼 중·고등학생이 되어 열심히 교회에 다닌 친구는 예수님보다 여학생에 꽂혔다.

살다보면 정말 위안받고 싶을 때가 있다. 직장에서 잘릴 수도 있고, 사업을 하다 훌라당 말아먹을 수도 있다. 아내로부터 무시당하거나 가족 중 누군가 병에 걸리거나 먼저 세상을 떠났을 때, 위안받고 싶은 것이다. 지푸라기라도 잡고 싶은 심정일 때, 정작 잡을 지푸라기도 없다는 걸 알게 된다. 내 편일 것 같고 나를 위해 기꺼이 헌신하고 위로해줄 것 같았던 사람들이 다 어디로 가버렸는지, 홀로 벌판에 서 있는 느낌이 들 때가 있는 것이다.

"세상 모두가 떠나가고 내게서 등을 돌렸을 때, 딱 한 사람 내 곁에 있어 주었다. 바로 아내다. 아내를 보면서 일어서기로 결심했다. 아내는 내가 다시 일어설 수 있게 한 힘이었고, 지금 내가 살아가고 있는 이유다. 지금도 아내 생각만 하면 눈물이 난다." 눈물을 글썽이며 이렇게 말하는 남자도 있다. TV에 나왔다고 괜히 그러는 게 아닌가, 살짝 의심이 가기도 하지만 아무튼 그 사람은 그나마 다행이다. 세상에 홀로 버려졌다 싶을 때, 아내라도 곁을 지켜주었으니 말이다. 전생에 좋은 일을 많이 한 사람임에 틀림없다.

정반대인 경우도 있다. 모두가 떠나가고 등을 돌렸을 때, 정말 주위에 아무도 없다는 걸 알게 된다. 믿었던 아내가 누구보다 먼저 나에게서 떠나갔다는 것을 알게 되는 것이다. 그럴 때 남자는 하나님도 생각나고 부처님도 떠오른다. 그러나 교회에 가거나 절에 갈 엄두를 내지 못한다. 자존심 상한 남자는 초라한 모습으로 남들 앞에 나서고 싶지 않은 것이다. 초라한 몰골로 사람들 앞에 조롱거리가 되고 싶지 않은 것이다.

남자는 길을 잃었을 때 길을 묻는 것을 싫어한다. 여자들은 이해하지 못한다. 모르면 물어 가면 되지. 하지만 남자는 실패한 모습을 보여주기 싫어한다. 실패한 모습을 보여주는 것을 치욕스럽게 생각한다. 실패한 남자, 버림받은 남자, 그래서 위안받고 싶은 남자가 교회나 절에 가지 않는 것은 바로 그 때문이다. 남자가 실패했을 때 바로 일어서지 못하는 것은 실패한 모습을 보여주기 싫기 때문이다. 실패한 남자는 그래서 동굴로 숨어든다. 동굴이 만약 집이라면, 그곳에서 아내나 가족들이 실패한 인간이라고 비웃게 되면, 남자는 다른 동굴을 찾아 나선다. 노숙자로 살아가든지, 저 세상으로 가든지 하는 것이다.

아내들은 그걸 모른다. 실패했으면 깨끗하게 실패했다고 인정하고, 빨리 일어설 생각을 못하느냐고 말한다. 실패한 것이 수치스러워 아파 드러누워 있는 남자가 덮고 있던 이불을 여자가 확 걷어 올리며 소리를 지른다. "빨리 나가서 돈을 벌어 오란 말이야!" 실패한 남자는 또 수치심을 느낀다. 삶이 모멸스럽다. 현명한 여자는 화가 나지만 참고 말한다. "당신 실패한 것 아니야. 운이 나빴을 뿐이라고. 당신 능력 있고 여전히 쓸 만해, 괜찮아." 이에 용기를 얻은 남자는 금방 털고 일어난다.

남자가 위안받고 싶을 때 교회나 절에 가지 못하는 또 다른 이유가 있다. 빈털터리를 환영하는 교회나 절은 없다는 것을 알기 때문이다. 아는 사람은 안다. 교회에 가면 그들만의 리그가 존재한다는 것을, 결국 그들만의 리그에서 소외되고, 치유받고 싶은 영혼이 더 큰 상처를 받는다는 것을 아는 것이다.

전문가들이 조언한다. 종교를 가지면 정신건강에도 좋고 장수에도 도움이 된다. 맞는 말이지만 종교도 가진 것 없이 갖기 힘들다. 종교도 아주 현실적인 것이다. 어서 오십시오, 소리 들을 수 있을 때 나가는 것이다. 그래야 더 많은 사람이 아는 척 하고, 웃어주고, 같이 식사라도 하자고 한다. 대통령이 다니는 교회를 일부러 찾아가는 것은 그 때문이다.

남자는 권력을 쥐고 싶어 한다. 여자는 권력을 가진 남자를 갖고 싶어 한다. 남자는 섹스를 위해 권력을 이용하지만 여자는 권력을 위해 섹스를 이용한다. 나폴레옹은 말했다. "여자들이란 최고의 명령권자에 속하는 존재이며, 그들이 좋아하는 것은 권력이다. 권력이야말로 최고의 최음제다."

종교도 권력이다. 절에서는 보살들이 떼를 지어 스님을 따르고 교회에 가면 수많은 여성 신도가 목사를 떠받든다. 가끔 불미스러운 소문이 들리는 것은 그들 안의 권력관계 때문이다. 종교는 또한 정치적이다. 정치와 종교는 분리되어야 하지만 현실은 정반대다. 기독교를 믿는 사람이 대통령이 되자 청와대에 마음대로 드나드는 끗발 있는 목사라고 자랑하는 사람이 있는가 하면, 다른 종교계에선 차별하고 홀대하면 가만 두지 않겠다며 목소리를 높이기도 한다. 대통령이 되려는 사람들이 자신이 믿는 종교와 상관없이 종교계를 찾아가 머리를 조아리는 이유도 뻔한 것 아닌가.

천국이나 극락이 과연 있기나 할까. 만약 있다면 그곳에서 결코 만날 수 없는 종교인이 수두룩하다. 그들은 싸운다. 그 자식들이 싸우고, 저희들끼리 패를 나눠 싸운다. 신념 때문도, 정의로운 가치를 위해서도 아니다. 돈 때문에 싸운다. 비우라 하면서 제 주머니는 채운다. 이웃을 사랑하라면서 이웃을 멸시한다. 덜 먹고 덜 입고 아껴서 갖다주면, 그걸로 외제차 타고 골프를 치기도 한다. 더 많이 갖고 오라고, 덜 갖고 오면 지옥에 간다고 겁을 준다. 많이 갖고 와야 조상이 좋은 곳에 가고, 새끼들 좋은 대학에 간다고 한다. 세계적인 물리학자 스티븐 호킹 박사가 이런 말을 했다. "뇌는 부속품이 고장 나면 작동을 멈추는 컴퓨터다. 고장 난 컴퓨터를 위해 마련된 천국이나 사후세계는 없다. 사후세계는 죽음을 두려워하는 사람들을 위한 동화일 뿐이다."

호킹 박사의 말이 새삼스러운 것이 아니다. 많은 사람이 천국이니 지옥이니 하는 사후세계는 허구일 뿐이라고 말한다. 하지만 지금 이 순간에도 예수천국 불신지옥이라며 겁을 주고 실제로 그것을 믿는 사람이 많다. 과학적으로 증명된 것은 없다. 어차피 종교란 과학이 아니다. 천국이 있다고 주장하는 사람들은 평범한 인간의 머리로는 알 수 없으니 무조건 믿으라 한다. 믿는 자에게 복이 있다고 목소리를 높인다.

〈뉴스위크〉의 종교전문 기자인 리사 밀러는 2010년 펴낸 자신의 저서 《천국: 사후세계에 대한 우리의 지속적 매혹》이란 책에서, 천국은 인간이 만들어낸 가짜이며 빛으로 가득 찬 천국이라는 개념은 골드만 삭스보다 약간 오래된 아주 최근의 발명품이라고 주장했다.

미국인의 81퍼센트, 영국인의 51퍼센트가 천국을 믿고 있으며 이는 10년 전에 비해 10퍼센트나 증가한 것이다. 과학기술과 문명이 빛의 속도로 진화하는데도 천국을 믿는 사람들이 오히려 늘고 있다는 것은 아이러니다.

흥미로운 것은 인간이 처한 환경에 따라 잠재적인 열망을 반영하는 바람에 천국의 형태가 계속 변해 왔다는 점이다. 현실에서 부족하거나 갖지 못하는 것을 천국에선 마음껏 누리거나 가질 수 있다고 믿는 것이다. 《성경》과 《코란》을 쓴 사람들은 주로 사막에서 살았고 그래서 늘 갈증이 심했다. 그 때문에 그들은 천국에는 언제나 샘물이 펑펑 솟아오르고 영원히 마르지 않는 강과 호수가 있다고 믿었다. 미국의 흑인 노예들은 천국이란 '처음이 나중 되고, 나중이 처음 되는 곳'이라 믿었다. 천국에선 현실과 정반대로 백인들을 노예로 부리고 산다는 것이다. 성에 굶주린 사람들은 천국에선 수많은 여성과 성교할 수 있다고 여겼다.

사람들은 이처럼 현실에서 이루지 못할 꿈들이 천국에선 가능할 것이라 믿었고, 그러한 믿음으로 인해 고달픈 현실을 견뎌냈던 것이다. 천국의 실재 여부를 떠나 천국에 대한 믿음이 고단한 삶을 이겨내게 했다는 점에서 분명 가치가 있다. 하지만 천국을 돈벌이 수단으로 악용한 나쁜 인간이 많았다. 중세 때 유럽에서 베드로의 리스트가 있다며 면죄부를 팔아먹은 인간들이 대표적이고, 요즘에도 믿지 않으면 지옥에 간다며 겁을 준다. 이것은 공포 마케팅이다.

종교를 위해 사람이 있는 게 아니다. 사람을 위해 종교가 있는 것이다. 그럼에도 마치 종교를 위해 사람이 존재하는 것처럼 선전하기도 한다. 성철스님이 생전에 한 말씀이다.

불교에서는 보살이 중생을 근본적인 깨달음으로 이끌어가기 위해 쓰는 묘한 수단을 방편(方便)이라 한다. 방편으로 극락이라는 것이 있다. 서쪽으로 자꾸 가면 그곳에 극락세계가 있는데 그곳을 서방정토라고 부른다. 《관무량수경》에 「서쪽으로 가면 극락세계가 있는데 거기에 있는 부처님은 법계장신(法界藏身)이다」라고 되어 있다. 여기서 말하는 법계란 시방의 법계이니 곧 부처님 몸이 시방에 가득 차서 그 어느 곳이나 부처님이 안 계신 곳이 없다는 뜻이다. 이 말은 극락세계가 서방에만 있는 것이 아니고 동방에도 있고, 북방에도 있고, 남방에도 있고, 땅 밑이나 하늘 위나 없는 곳이 없다는 의미로 해석할 수 있다. 온 시방세계가 부처님으로 가득 차 있고 부처님이 안 계신 곳이 없다는 것이다. 이것을 '마음이 부처를 지으니 이 마음이 부처다(是心是佛, 是心作佛)'라 한다. 다시 말하면 일체 중생이 모두 다 가지고 있는 마음, 그것이 바로 아미타불이다.

마음이 부처인 것이지 마음을 내놓고 달리 부처를 구하려는 것은 마치 불 속에서 얼음을 구하려는 것과 마찬가지다. 그렇다. 바로 마음이 부처인 것이다. 그러면 처음부터 그렇다고 할 일이지, 왜 서방에 부처가 있고 극락이 있다고 하면서 그곳에 갈 수 있느니 없느니 하고 빙빙 돌려서 말씀했는가?

그것은 하나의 방편설이다. 지혜가 발달하기 전에는 그 지혜의 정도에 맞추어 그 사람이 이해하기 쉽게 또 그 사람의 지혜를 향상시키기 위해, 부득이 사실과 똑같지는 않지만 이야기를 거짓으로 꾸며서 전해주어야 한다. 그렇게 선의의 거짓말로 지혜를 조금씩 향상시켜 가면 마침내 참말을 이해할 수 있게 된다. 그때에는 지금까지 한 말은 참말을 알게 하기 위한 거짓말이었음을 일깨워준다. 이렇게 하는 것을 방편설 또는 방편가설이라고 한다.

아무것도 모르는 사람은, 지금 살고 있는 현실 그대로가 극락이라고 말하면 화를 낼 것이다. 이렇게 고통스러운데 이곳이 극락이라니 말도 안 된다고 할 것이다. 그래서 "저 서방에 극락세계가 있으니 부지런히 아미타불을 외고 수행하면 그곳에 갈 수 있다"고 방편을 쓰는 것이다. 종교를 믿는 것은 행복해지고 싶기 때문이다. 그런데 현실에서는 얻기가 어렵다. 그래서 종교는 극락이니 천당이니 하는 방편을 설정해놓고 거기에 가면 행복을 찾을 수 있다고 말해 온 것이다. 결국 서방 극락세계는 실재하지 않고, 오직 내 마음이 부처다. 극락세계도 내 마음속에 있고 아미타불도 내 마음속에 있다.

지금 살고 있는 현실이 행복하면 천국이고, 불행하면 지옥이라는 얘기다. 누구는 말한다. 돈이 신이다(Money is God). 오늘도 그들은 가난한 우리들을 위해서가 아니라 그들의 돈을 위해 기도하고 있을 것이다. 우리도 그들을 위해 돈을 갖다 줄 것이 아니라, 우리 자신을 위해 기도해야 한다. 과연 무엇이 쓸쓸한 남자를 구원할 것인가?

음식
남자

1994년 선보인 이안 감독의 영화 〈음식남녀〉에는 세 딸을 홀로 키우며 살아온 요리사 아버지가 등장한다. 현란한 중국요리의 세계가 화면 가득 펼쳐지지만 관객은 결국 쓸쓸한 아버지의 내면을 마주하게 된다. 세탁기에서 딸들의 브래지어며 속옷을 건져내는 아버지의 손. 그 손이 왜 그토록 사람 속을 시리게 하는 건지.

손에도 분명 표정이 있다. 쓸쓸하거나 따스하거나 아니면 에로틱하기도 하다. 손에는 얼굴이 말하지 않는 그 무엇인가가 있다. 최고의 요리사였으나 세월의 무게를 이기지 못한 그는 무뎌진 혀 탓에 간을 맞추지 못하거나 건망증 때문에 재료를 빠트리기도 한다. 아버지는 딸들을 위해 최고의 요리를 준비한다. 딸들은 맛있게 먹어주는 척도 하지 않는다. 고약한 자식들이다.

그렇다. 비록 남의 나라 이야기지만 세상 모든 아버지, 어머니, 자식이 그런 것이다. 자식은 부모의 진심을 알 리 없고, 그럼에도 부모는 자식을 위해 헌신한다. 부모의 헌신과 희생이 아름다운 것은 그것이 그들의 자식들 또한 치러야 할, 기어코 되풀이되고 마는 헌신과 희생이기 때문이다.

캐서린 제타 존스가 주인공으로 등장한 영화 〈사랑의 레시피〉는 음식을 통해 교감하고 사랑하는 사람들의 모습을 보여준다. 주방을 호령하는 최고의 요리사인 여자가 자신의 스타일과 맞지 않는 새 남자 부주방장, 그리고 교통사고로 엄마를 잃은 어린 조카와의 갈등을 해결하고 사랑을 확인하는 것은 음식을 통해서다. 상심한 조카가 남자 부주방장이 만든 스파게티를 먹는 것은 상대에 대한 믿음과 호감의 표시다. 영화 속 그들은 음식을 만들고 함께 먹으면서 서로를 이해하고 공감하게 된다. 영화는 음식이라는 것이 사람과 사람 사이의 매개체이면서 아주 그럴듯한 인생의 은유라는 걸 일깨워준다.

2005년 우리나라에 소개된 그리스 영화 〈터치 오브 스파이스〉는 또 어떤가. 음식을 소재로 한 영화 가운데 이만큼 울림을 주는 것도 드물다. 어린 시절의 풋풋한 사랑과 이별, 그리고 중년의 쓸쓸한 사랑과 이별이 음식과 어우러져 가슴을 때린다. 어린시절의 첫사랑이 에피타이저라면 청년기의 무르익은 삶은 메인요리다. 마지막, 쓸쓸하게 끝나는 짧은 사랑은 달콤하지만 아쉬운 후식이다.

파니스의 할아버지는 향료 가게를 한다. 할아버지는 철학자처럼 이렇게 말한다. "하늘에는 우리 눈에 보이지 않는 것도 많단다. 보이지는 않지만 음식의 맛을 내주는 소금 같은 것 말이다." 할아버지의 이런 멋진 말은, 어린 파니스뿐 아니라 관객의 머릿속에도 깊이 새겨진다. 파니스는 할아버지만 이스탄불에 남겨두고 그리스로 떠나게 된다. 키프로스가 영국으로부터 독립하면서 다수인 그리스인들이 터키인들을 쫓아내자 터키에서도 그리스인들을 추방했기 때문이다. 그 바람에 그리스인인 파니스도 터키를 떠나야 했다. 파니스가 슬펐던 것은 할아버지와 정들었던 이스탄불과의 이별 때문만은 아니었다. 첫사랑 사이메와 헤어지는 것이 무엇보다 가슴 아팠다. 사이메는 떠나는 파니스에게 이렇게 말한다. "다시 만나면 넌 요리를 해. 난 춤을 출게." 파니스는 방황한다. 첫사랑 사이메 때문이다. 그리움을, 파니스는 요리로 달랜다. 할아버지가 좋아하는 이스탄불 요리를 만들고, 그녀에게 편지도 쓴다.

그리움은 그를 세상으로부터 고립시킨다. 친구들과 어울리지 못하고, 여전히 방황한다. 쓸쓸한 그는 천문학자는 미식가라는 할아버지의 멋진 말 때문인지 천문학자가 된다. 할아버지의 부음을 듣고 이스탄불을 다시 찾았을 때, 그는 이미 중년이다. 장례식에서 그는 낯익은 얼굴을 발견한다. 사이메다. 그녀는 다른 남자의 아내가 되어 있었다. 어린시절 그녀를 좋아했던 파니스의 친구 무스타파와 결혼한 것이다. 그녀는 남편과 별거 중이었고, 재회한 첫사랑은 애틋하다. 영화는 사랑하는 그들처럼 우리들 역시 쓸쓸하게 만들고 만다. 사이메는 남편을 따라 떠나고, 파니스는 홀로 남는다. 떠나는 기차역 플랫폼에서 파니스가 말한다. "뒤돌아보지 마, 이번에도 뒤돌아보면 또 미련이 남게 돼."

영화 속 주인공들은 왜 이처럼 멋진 멘트를 날려 우리들 가슴을 헤집어 놓는 것인지. 영화에서 그가 요리를 하는 것은 그리움 때문이다. 음식은 향수다. 우리가 음식을 먹는 것은 향수를 먹는 것이다. 자식들은 어머니를 그리워하며 먹는다. 어머니는 자식 때문에 먹지 못한다. 어떤 어머니가 있었다. 어머니가 비 오는 어느 날, 맵싸한 청양고추를 썰어 넣은 부추전이 먹고 싶어졌다. 오랜만에 해보는 음식이었다. 자식들이 떠나고 홀로 남겨진 후에는 만들 일이 없었던 것이다. 솜씨는 여전했다. 먹음직스러웠다. 어머니는 그것을 먹지 못했다. 젓가락을 들고 집으려는 순간, 눈물이 쏟아진 것이다. 자식 생각이 난 것이다. 자식들이 좋아하는 음식을, 자식 때문에 끝내 먹지 못한 것이다.

그런 어머니의 마음을 자식 낳고서야 비로소 안다. 제 논에 물 들어가는 것하고 자식 입에 밥 들어가는 것만큼 재미난 게 없다는 옛말이 무슨 뜻인지, 비로소 알게 되는 것이다. 자식은 어머니를 위해 제대로 밥 한 번 차려주지 못한다. 평생 제 손으로 어머니를 위해 밥상 한 번 차려주지 못하는 바보들이 수두룩하다. 바보들은 어머니 제사상마저 제 손으로 차리지 못한다. 그러면서 죽을 때까지 어머니를 그리워한다. 그리워하며, 먹는다. 어머니가 해주시던 음식 맛이라며 눈시울을 붉히며, 먹다가, 운다. 그리워서 울고, 서러워서 운다.

일요일은 짜파게티 요리사, 라는 라면 광고가 있었다. 아버지가 앞치마를 두르고 시커먼 짜장라면을 만들면 아이들이 좋다며 환호성을 지르는 것이었다. 그 덕에 많이 팔렸는지 알 수 없지만 여럿 남자들이 일요일엔 짜파게티 요리사가 되었을 것이다. 일주일 내내 뼈빠지게 일한 아비를, 쉬는 날 좀 푹 쉬게 하지, 싶은 생각이 들기도 하지만, 어쩌랴. 아빠가 최고라는데, 라면 한번 못 끓일 것도 없지 않은가.

어머니를 위해 밥상 한번 차려본 적 없는 남자들이 자식과 마누라를 위한답시고 기꺼이 앞치마를 두른다. 등골이 휘도록 바깥에서 일하고 집 안에서 요리하고 빨래하고 설거지하는 남자들이 수두룩하다. 평생을 일하고 고생한 제 어머니의 어깨 한번 주물러주지 않는 남자가, 마누라 고생한다며 집안일을 마다하지 않는 것이다.

맞벌이 부부라면 당연히 그래야겠지만 아이들 학교 보내고 남편 출근시키고 나면 할 일 없어 빈둥거리는 전업주부의 남편이라면, 꼴불견이 아닐 수 없다. 물론 그 아내가 아이들 공부에 관한 정보를 교환한답시고 아침부터 커피숍에 모여 앉아 가열차게 대화를 주고받는 것도 일이라면 일이다. 아내 사랑 지극한 남편은 콧노래를 부르며 고무장갑을 끼고 앞치마를 두른다. 그리고는 “여보, 나 잘했지?” 하고 칭찬을 기다린다. 간지럽지만, 요즘 젊은 사람들은 그런다.

그런 것이 옳다 그르다 하는 것 자체가 사실 촌스럽다. 봉사하는 남편이 대세다. 시대의 흐름이다. 요즘 젊은 남자들은 아내가 밥을 차려주지 않는다고 징징대지 않는다. 중년 이상의 남자들 중 아내의 손길 없이는 아무것도 못하는 이들이 많다. 아내가 없으면 쫄쫄 굶고 앉아 있다. 그럼에도 큰소리 탕탕 치는 남자들도 있다. 아침에 먹은 국을 저녁에 내놓으면 불같이 화를 내고, 어제 먹은 반찬을 내오면 밥상을 뒤엎을 기세로 호통을 치기도 한다. 평생 그러고 살 줄 안다. 나이 들어 아내가 곰국 끓이면 겁이 난다고 한다. 곰국을 끓인다는 것은 아내가 곧 장기출타한다는 말이다. 하지만 곰국 끓이는 아내를 둔 남자는 운이 좋은 편이다. 나 몰라라

하고 나가버리는 여자들도 부지기수다.

나이 들어 홀로 되거나 스스로 밥상을 차릴 수밖에 없는 처지가 될 수도 있다. 그럴 때 난감하고 황당해 먼 산을 바라보지 않으려면 평소 주방과 친해져야 한다. 제 손으로 밥상을 차릴 줄 알아야 한다. 가족을 위해 요리를 하지 않더라도 최소한 제 앞가림은 할 줄 알아야 한다. 아내와 자식 위해 밥상을 차리지 않더라도 제 부모를 위해 밥상을 차릴 줄 알아야 한다.

주방과 친해지는 것으로는 부족하다. 요리학원에서 제대로 배워야 한다. 돈 내고 배워야 제대로 배운다. 요리를 배우면 전에는 경험하지 못한 새로운 세상과 만나게 된다. 얼치기로 대충 해먹는 음식과는 차원이 다르다. 요리는 한 끼를 해결하는 기술을 배우는 것 이상의 무엇이다. 정신이 풍요로워지고 여유가 생긴다. 사람들을 대하는 태도가 달라지고, 남의 말에 귀를 기울이게 된다. 남의 아픔을 이해하게 되고, 남의 기쁨에 진심으로 공감하게 된다. 신통한 일이다.

요리는 나를 위한 것이지만 남을 위한 것이기도 하다. 교감하고 소통하는데 음식만큼 좋은 매개체도 없다. "밥 한 번 먹자"란 소리만큼 정겨운 것도 없다. 아침식사 준비를 하는 부엌의 달그락거리는 소리만큼 살가운 것도 없다. 식구란 함께 밥을 먹는 사람이라는 뜻 아닌가. 식구, 같이 밥을 먹는 사람처럼 소중한 존재가 없다. 요리는 나를 확인하는 근사한 작업이다. 요리에는 타인의 감정을 이해하고 배려하는 마음이 담긴다. 그 마음이 전달되어 서로 공감하게 되는 것이다. 요리는 나의 존재를 확인하는 과정이고 타인과 관계를 맺는 멋진 여행이다. 요리를 배우면 좋은 게 또 있다. 급하면 식당에 취직을 하거나 식당을 차릴 수도 있다. 봉사를 할 수도 있다. 방랑식객 임지호 씨처럼 세상을 돌아다니며 산과 들의 식재료로 멋진 요리를 해 먹을 수도 있다.

영화 〈터치 오브 스파이스〉에서 파나스의 할아버지가 이런 말을 한다. "홍합에 열을 가하면 입을 활짝 벌린다. 사람의 마음도 열을 가하면 열린다." 사람의 마음을 열게 하는 데는 따뜻한 마음이 최고다. 자신의 묘비에 "우물쭈물하다가 내 이럴 줄 알았다"라고 쓴 조지 버나드 쇼도 이렇게 말했다고 하지 않았나. "음식에 대한 사랑처럼 진실된 것도 없다."

이기려면 쉬어라

"일하지 않는 자여, 먹지도 마라"는 말이 있다. 원래는 사도 바울이 한 말로 성경에 나오지만 레닌이 공산주의의 원칙으로 삼으면서 유명해진 말이다. 노동자만이 진정 대접받고 노동을 하지 않는 자본가는 먹을 자격도 없다는 말이다. 이 말은 일반인들에게도 곧잘 적용되곤 한다. 열심히 일하지 않으면 먹을 자격이 없으므로, 부지런히 일하라는 뜻으로 이용된다. 그런데 요즘은 이 말보다는 "쉬지 않는 자여, 먹지도 마라"고 해야 옳다. 잘 쉬는 사람이 일을 잘한다. 그러니 먹을 자격도 있는 것이다. 절대빈곤에 허덕일 때는 개미처럼 일하는 것이 미덕이었지만 이제는 베짱이처럼 잘 놀고 쉴 줄도 알아야 하는 세상이 된 것이다.

기업에서도 밸런스 경영이라 해서 직원들에게 죽어라 일만 하지 말고 휴식과 여가를 적절히 조화하도록 유도하기도 한다. 특정 요일을 야근과 약속, 회식이 없는 3무(無)데이로 정해 직원들이 칼퇴근 하도록 하는가 하면, 금주의 날이나 패밀리데이 등을 정해 가족과 시간을 보낼 수 있도록 퇴근 시간을 당기기도 한다. 또 자기계발의 중요성을 강조해 학원비를 지원하거나 안식월을 정해 한 달간 유급으로 쉴 수 있도록 해주기도 한다. 이런 직장에 다니는 사람들은 복이 많은 편이다. 휴식이나 자기계발 같은 것은 꿈도 꿀 수 없는 열악한 환경에서 일하는 사람도 많다.

어쩔 수 없는 형편이 아니라면 쉬어가면서 일을 해야 한다. 잘 쉬는 사람이 일도 잘하는 것이다. 어느 기업가는 직원들에게 자신의 역량 중 절반 이상을 일에 쏟지 말라고 강조하기도 한다. 자신의 역량 전부를 일에 투자할 경우 창의력과 열정이 고갈되고 결국 생산성이 낮아진다는 이유에서다. 빈둥거리는 것처럼 보일지라도 사색하고 재충전하는 시간을 가지라는 것이다.

"나는 생각한다. 고로 존재한다"는 명언을 남긴 프랑스 수학자이자 철학자인 데카르트는 사실 게으른 사람이었다. 죽어라 연구에만 매달린 것이 아니라 홀로 먼 산을 바라보거나 침대에서 뒹구는 시간을 많이 가졌다. 그럼에도 많은 업적을 남길 수 있었던 것은 수많은 사색의 결과물들 때문이었다. 게으름을 피우고 빈둥거리는 가운데, 고로 자신이 존재한다는 명제에 이른 것이다.

만유인력의 법칙을 발견한 뉴턴은 소지주의 유복자로 태어났다. 뉴턴은 생후 2년 만에 재가해 할머니 밑에서 자랐다. 의붓아버지가 죽고 어머니가 다시 돌아올 때까지 9년 동안 그는 어머니와 떨어져 지냈다. 이 기간 동안 그는 철저히 고독했다. 이때 혼자 정원을 거닐거나 사물을 유심히 관찰하는 습관을 들였다. 어린 시절의 고독으로 인해 후에 논문을 발표할 때마다 불안해 하거나 비판에 지나치게 예민하게 반응하기도 했다. 하지만 그는 일에 매진하기보다 홀로 게으름피우며 사색하고 관찰하며 고독을 달랬다. 이것이 바로 만유인력의 법칙을 발견하는 계기가 되었다.

쉬는 것도 기술이 필요하다 해서 휴테크라고 한다. 휴(休)는 글자 그대로 사람(人)이 나무(木)에 기대어 편안하게 쉬는 모습처럼, 일손을 놓고 나무에 기대 편안하게 쉬는 것이다. 인간은 자연에서 진정한 휴식을 얻을 수 있다는 의미이기도 하다. 그런데 휴테크가 되면, 쉬는 것에도 전략이나 요령이 필요한 것이 되는 것이다.

휴식은 크게 두 가지로 나눌 수 있다. 10년이나 20년째 되는 해에 안식년을 갖는 장기적인 것과 일상에서 그때그때 요령껏 잘 쉬는 단기적인 휴식이다. 교수처럼 안식년이 있는 직업을 가진 사람이라면 장기적인 관점에서 다행이다. 그런 혜택을 받지 못하는 사람들이 문제다.

아무리 좋은 직장에 다니거나 그럴듯한 직업을 가져도 그만두거나 쉬고 싶을 때가 있다. 이럴 때 고비가 찾아온다. 이 순간을 못 이겨내고 판단을 잘못해 평생 후회하는 사람들도 많다. 에너지가 고갈되고 열정이 식으면 의욕이 떨어지고 판단력을 잃는다. 좋은 직장을 그만두거나 사기를 당할 수도 있고 일생일대의 기회를 놓칠 수도 있다.

그렇기 때문에 쉴 때가 되면 반드시 쉬어야 한다. 쉴 때는 쉬어야 하는데도, 쉬지 않고 다른 일을 벌이거나 낯선 환경에 뛰어들면 낭패 보기 십상이다. 쉴 때가 되면 무슨 구실을 찾아서라도 쉬어야 한다. 회사에 사정을 하든지, 휴가원을 내든지 해서 쉬어야 한다. 쉬는 것도 전략이고 열심히 일하는 것 이상으로 중요하다.

쉬고 싶을 때는 가족이 도와주어야 한다. "그동안 열심히 일했으니 푹 쉬세요." 하는 아내는 없다. 쉬었다가 잘리는 건 아닌지, 쉬는 김에 영원히 쉴 심사는 아닌지 걱정하기 때문이다. 그렇다고 아내가 무서워 말도 못 꺼내고 끙끙 앓다가 덜컥 병이 나거나 엉뚱한 결정을 내리면 더 큰일이다.

아내로부터 허락받지 못하는 한이 있더라도 쉬어야 될 때다 싶으면 과감하게 쉬어야 한다. 그래야 더 큰 화를 면할 수 있다. 아내를 잘 설득하든지 드러눕든지, 요령껏 쉬는 시간을 가져야 한다. 1년이 너무 길면 한 달이라도 푹 쉬어야 한다. 에너지가 떨어지면 에너지를 채우고 의욕이 바닥나면 의욕을 일으켜야지, 계속 달릴 생각을 해서는 안 된다.

장기휴식도 필요하지만 평소에도 휴식이 필요하다. 특히 집은 에너지를 충전하고 의욕을 일으키는 쉼터이자 충전소가 되어야 한다. 집에서 에너지를 빵빵하게 채우고 용기를 얻어야 바깥에서 잘 싸울 수 있다. 사실 직장은 전쟁터나 다름없다. 총칼만 안 들었다 뿐이지 무수히 쏘고 찌른다. 하여 남자는 직장에서 상처받고 영혼의 피를 뚝뚝 흘린다. 어느 날은 승리의 기쁨에 환호성을 지르지만, 또 어느 날은 패잔병이 되어 남루한 꼴로 귀가하기도 한다.

전리품을 잔뜩 안고 들어오면 아내로부터 칭찬을 받겠지만 패잔병 꼴이 되어 오면 구박을 받을 것이다. "아이고, 오늘은 싸움에서 졌군요. 괜찮아요. 내일은 이기면 되죠." 하고 살뜰하게 챙겨주는 아내도 있겠지만 "저 인간은 왜 저 모양이야?" 하며 혀를 차는 아내들도 많다. 그러니 남자들이 죽기 살기로 이기려 드는 것이다.

아무리 그렇다 하더라도 집에서는 스스로 에너지를 채워야 한다. 누가 챙겨주지 않더라도 스스로 고갈된 에너지를 채워놓고 또 나가서 싸워야 한다. 에너지를 채우려면 잘 쉬어야 한다. 아내가 전업주부인데도 시도 때도 없이 부엌으로 달려가 고무장갑을 끼거나 쉬는 날에는 무조건 짜파게티 요리사가 되려고 해서는 안 된다.

쉬는 날 가족들과 여행을 가거나 놀이동산을 가더라도 오고가는 길 내내 운전대를 잡아서도 안 된다. 아내가 운전을 할 줄 알면 번갈아 운전을 해야 한다. 남자가 치사하게 쉬는 날 하루 정도는 운전을 하는 게 옳지. 이런 생각을 하고 살면 평생 그렇게 산다. 자식들은 아버지가 운전하는 게 당연한 줄 알고, 아내는 운전을 똑바로 못한다고 잔소리나 해댄다. 그렇게 몇 시간씩 운전을 하고 아이들 뒤치다꺼리하고 돌아오면 남는 것은 피로뿐이다. TV에서 광고하는 피로제거물약을 아무리 마셔도 소용없다. 집 안에서 쉴 때 제대로 쉬는 것이 피로회복에 최고다.

아이들과 노는 것은 확실히 힐링의 힘이 있다. 어른이 되어도 동심으로 돌아가 마음껏 놀고 싶을 때가 있다. 어른의 가슴속에는 어릴 적 자신의 모습이 들어 있다. 아이들과 논다는 것은 내 가슴속의 어린 내가 바깥으로 뛰어나와 함께 놀 수 있게 하는 것이다. 그래서 신나고 즐거운 것이고 위안받고 힘을 얻는 것이다.

그러나 아이들과 놀아준다는 생각은 하지 말아야 한다. 아이들과 놀면 안 된다는 소리가 아니다. 아이들과 놀되, 의무감으로 억지로 놀아주어서는 안 된다는 말이다. 억지로 놀아주는 아버지가 신날 리 없다. 놀아주는 것이 아니라 내가 즐겁고 신나기 위해 아이들과 논다고 생각해야 한다.

사실 많은 아버지가 아이들과 놀아주어야 한다고 생각한다. 그래서 바쁜 아버지들은 아이들과 놀아주지 못해 미안하다고 말한다. 하지만 그게 아니다. 아버지가 아이들과 놀아주는 게 아니다. 아이들이 아버지와 놀아주는 것이다. 어느 집안이고 할 것 없이 아이들은 누구나 열두 살쯤 되면 아버지와 놀려고 하지 않는다. 그때쯤 되면 아이들은 아버지와 노는 것을 창피해 한다. 또래 친구들과 노는 것이 더 즐겁다.

두 아들을 둔 아버지가 있다. 아이들이 어릴 때는 아버지와 잘 어울려 놀았다. 아파트 단지에서 모르는 사람이 없었다. "저 아빠는 돈벌이가 시원찮아서 그렇지, 아이들하고 노는 것은 정말 끝내줘!" 이런 말을 들을 정도였다. 하지만 큰아들이 중학생이 되고 작은 아들이 5학년이 되자 상황이 완전히 달라졌다. 아이들은 아버지가 같이 놀자고 할까 봐, 아버지와 눈이 마주칠까 겁을 냈다. 갑자기 변해버린 상황에 아버지는 머쓱해졌고, 왕따 신세가 되어버렸다.

그런 것이다. 아이들은 마냥 기다려주지 않고 언제까지나 함께 놀아주지도 않는다. 때가 되면 부모품을 떠난다. 영원히 품에 안고 같이 놀 것 같지만 사실은 그 시간이 엄청 짧다. 그 시간이 어쩌면 인생에서 가장 행복하고 빛나는 때인지 모른다. 그 시간이 지나면 다시는 돌아오지 않는다. 그러니 아이들이 놀아줄 때 마음껏 놀아야 한다. 골프 같은 것은 나중에 아이들이 더 이상 놀아주지 않을 때, 그때 쳐도 늦지 않다. 아이들이 다 떠나고, 아내마저 쌀쌀맞게 대할 때 그때는 아이들과 놀았던 추억으로 위안을 삼아야 한다. 늙으면 남는 게 추억밖에 없다. 추억이라도 있어야 되씹으며 그렇게 시간을 보내고 위안받으며 사는 것이다.

집은 에너지 충전소이자 쉼터이다. 그 에너지란 바로 가족이다. 에너지가 되어야 할 가족이 짐이 되거나 부담이 되어서는 안 될 일이다. 쉴 때 쉬고, 에너지를 듬뿍 채워 전쟁터에 나가야 한다. 전쟁에서 이겨야 전리품을 가득 안고 집으로 들어올 수 있다. 그래야 환영받고 대접받는다. 결국 잘 쉬는 사람이 전쟁에서 이기고 대우받는 것이다. 그러니, 일 잘한다는 소리보다 잘 쉰다는 소리를 들어야 하는 것이다.

아버지의 방

남자는 고민거리가 생기면 동굴로 숨는다. 문제가 생기면 대화를 통해 해결하려 하는 여자와 정반대다. 그래서 집안에 트러블이 생기면 남자는 침묵하고, 여자는 방방 뜨며 말을 쏟아낸다. 직장에서 고민이 생기더라도 집에 와서 미주알고주알 얘기하지 않고 물끄러미 TV를 보거나 책을 읽는다. 아니면 술을 잔뜩 퍼마시고 횡설수설하거나 곯아떨어진다. 여자는 왜 말을 하지 않느냐고 다그친다. 남자는 "제발 좀 내버려 두란 말이야!" 소리를 지르고 방문을 쾅 닫아버린다. 여자는 어이없어 하며 친구나 여동생에게 전화를 돌린다. 그리고는 밤새는 줄 모르고 전화기를 붙들고 있다.

어릴 적 다락방의 추억을 갖고 있는 사람이 많다. 부잣집 아닌 다음에야 식구수대로 방을 가질 수 없었고 심지어 한 방에 온 식구가 밥도 먹고 잠도 자야 하는 사생활이 없는 그런 생활을 하던 시절이었다. 그런 궁핍한 상황에도 다락방은 아이들에게 묘한 해방감을 안겨주었다. 다락방은 집안의 잡동사니를 넣어두거나 하는 곳이지 사람이 주거하는 공간이 아니다. 그럼에도 어린아이들은 다락방에 숨어들었다. 거기서 만화도 읽고 숙제도 하면서 자신만의 시간을 가졌던 것이다.

누구나 자신만의 방을 가지고 싶어 한다. 아무리 살가운 가족이라도 간섭받지 않고 저 혼자 오롯이 시간을 보내고 싶은 것이다. 대한민국의 가장은 정작 제 방이 없다. 방이 서너 개 되는 아파트라면 대개 부부가 함께 쓰고 나머지는 아이들 차지다. 부부방도 사실 아내가 주인이다. 일본이 아무리 자기네 땅이라고 우겨도 독도는 우리 땅인 것처럼 아무리 내 방이라고 우겨봤자 소용없다. 거실로 쫓겨나지 않고 그 방에서 아내와 같이 잘 수 있는 것만으로도 감지덕지하는 남자들도 많다. 대개는 딱 거기까지다.

남자도 방이 있어야 한다. 남자도 혼자만의 시간을 갖고 싶을 때가 있다. 밥상머리에 들러붙어 잔소리해대는 아내를 피해 슬그머니 도망가고 싶을 때도 있다. 갈 곳이 없는 남자는 뛰쳐나가고 싶지만 그럴 수도 없다. 오밤중에 나간들, 어디를 가겠나. 기껏 베란다로 나가 담배를 피우거나 한숨을 내쉬다 들어올 수밖에 없다.

집 안에 자신만의 공간을 만들 수 없으면 집 밖에라도 마련해야 한다. 아내와 싸웠다고 여관에 가거나 외박을 할 수는 없다. 찜질방 신세도 안 될 말이다. 그런 상황이 되면 더 초라해지고 자신감이 떨어져서 안 된다. 아무리 부부관계가 험악해져도 스스로 약해지면 안 된다. 안팎으로 어떤 고난이 와도 무너지지 않고 버텨야 한다. 최소한의 품위는 지켜야 한다.

그래서 평소 여차하면 갈 수 있는 공간을 확보해두어야 한다. 집 근처에 혼자 쓸 수 있는 오피스텔이나 방을 하나 얻어두고, 거기서 자신만의 시간을 갖는 것이다. 물론 비밀로 할 필요도 없다. 남편이 도망가 봤자, 거기

갔겠지 하고 아내가 알 수 있는 것이 낫다. 아니면 야외에 집을 하나 얻어 두고 주말이나 쉬는 날에 들러 혼자만의 시간을 갖는 것도 좋다.

그러고 싶지만 형편이 안 돼 그럴 수 없다는 사람도 많을 것이다. 마음 먹지 않아서 그럴 수 없는 경우도 많다. 괜히 말 꺼냈다가 본전도 못 건진다 싶어 입을 꾹 다물고 있거나, 집 밖에 따로 방을 얻는 것이 마치 부부간의 결별로 이어지는 것은 아닌지 지레 겁을 먹을 수도 있다. 하지만 붙어서 지지고 볶다가 파국으로 치닫는 것보다 각자 떨어져 열기를 식히는 것이 낫다. 그럴 때 집 밖의 방이 요긴하게 쓰인다. 집을 나가도 어차피 그곳에 가 있을 거란 사실을 아내가 알기 때문에 최악의 상황은 면할 수 있다.

부부 사이에도 휴식이 필요하다. 아무리 살가운 부부라도 때로는 자신만의 시간을 갖고 싶을 때가 있고, 실제로도 그렇게 하는 것이 좋다. 서로 떨어져 객관적으로 바라보고, 자신을 돌아보는 시간이 필요하다. 아무리 소중한 것도 항상 곁에 있으면 그 소중함을 모르고, 아무리 싫은 것도 막상 없으면 그게 얼마나 아쉬운 것인지도 알아야 한다. 가까이서 고통스러워하느니 차라리 멀찌감치 떨어져 있는 것이 훨씬 편안하고 좋다는 것도 알아야 한다. 사람과의 관계가 의무감만으로 해결되지 않는다는 것도 알아야 한다.

요즘은 아이들이 집안에서 황제 노릇을 한다. 공부를 핑계로 아버지들을 꼼짝 못하게 한다. 그러니 집에 들어가도 아버지들은 숨이 막힌다. 죄인처럼 숨죽여 있는 듯 없는 듯 그렇게 산다. 그럴 바에야 아버지도 방을 확보하고 언제든 눈치 보지 않고 쓸 수 있어야 쿨한 아버지란 소릴 듣는다.

남자의 로망 중 하나는 전원생활이다. 시골에서 농사를 직업으로 삼고 살고 싶어하는 사람도 있지만 취미 삼아 텃밭을 일구며 지내고 싶은 이들도 많다. 농업을 업으로 해서 시골로 가면 귀농이고, 전원생활이 목적이라면 귀촌이라고 한다. 도시의 많은 남자는 귀촌을 꿈꾼다. 사람들이 전원으로 가고 싶은 것은 치유받고 싶기 때문이다. 전쟁처럼 치열한 도시에서 벗어나 상처받은 영혼에 치유의 연고를 듬뿍 바르고 싶은 것이다. 시골생활에 대한 관심이 높아지는 것은 나빠진 경제상황이 원인이기도 하지만, 치유받고 싶은 열망 때문이기도 하다.

남자들이 시골로 가서 살자고 하면 아내들은 십중팔구 펄쩍 뛴다. 우선 아이들 교육이 이유고, 불편함이 그다음 이유다. 여자들은 아파트를 좋아하지 단독주택도 그다지 좋아하지 않는다. 물론 청담동이나 논현동의 단독주택이라면 모를까, 그렇지 않고서야 쳐다보지도 않는다. 그런 마당에 시골 집을 좋아할 리가 없다.

그래서 남자들이 먼저 시골로 내려가 혼자 생활하며 적응기간을 갖기도 한다. 남편 혼자서도 잘 적응하고 기반을 다지는 것을 보면서, 여자는 간을 본다. 살 만하다 싶은 생각이 들면 함께 사는 것이다. 참 희한한 게, 이것도 자연의 섭리다. 거의 모든 생명체는 수컷이 집을 짓고 암컷을 부른다. 암컷은 수컷이 지어놓은 집을 요리조리 살펴보고 마음에 들면 비로소 짝짓기를 하고 함께 산다. 개펄에 사는 게들도 그렇고, 새들도 그렇다.

인간도 그렇다. 결혼할 때 집을 마련하는 것도 주로 남자다. 집을 마련할 형편이 안 되는 남자는 결혼할 생각을 못한다. 단칸방일지라도 조금씩 집을 늘여가는 맛에 사는 시절도 있었지만, 요즘은 어림없다. 부모가 형편이 안 되면 자식은 결혼할 엄두도 내지 못한다. 팍팍한 세상이다.

전원생활을 하기 힘들다면 눈높이를 낮추어 동네 텃밭에 관심을 가져보자. 인터넷에 들어가보면 동네 가까운 곳에 텃밭을 분양하는 곳을 쉽게 찾을 수 있다. 지자체에서 공터를 활용해 텃밭을 만들고 주민들에게 무료로 나눠주는 곳도 있다. 손바닥만한 텃밭에 고추 몇 개 심어 뭐하려고, 싶지만 그게 아니다. 손바닥만한 텃밭도, 막상 지어보면 장난이 아니다. 때맞춰 씨뿌리고, 거름 주고, 지지대 세워주고, 물주고 하는 것이 쉬운 노릇이 아니다. 여름 땡볕에 한나절 호미질하고 나면 온몸이 결리고 쑤신다. 아, 이래서 "농사나 짓지!"라는 말 함부로 하는 게 아니구나, 하고 느낀다.

손바닥만한 텃밭일망정 그것이 주는 힐링의 힘은 대단하다. 씨 뿌리고 거름 주다 보면 세상 시름 다 잊는다. 나 자신을 잊고 아무 생각이 없는 그야말로 무념무상의 경지로 빠져든다. 골치 아픈 세상일들이 오간 데 없이 사라진다. 아내도 밭 매고 물통 져 나르다 보면 잔소리할 틈이 없다.

수십만 원짜리 식당 밥 아니어도 그렇게 손수 재배한 고추 몇 개, 상추 몇 잎에도 가슴이 뿌듯해진다. 뿌린 만큼 거둔다는 소박한 믿음도 깨닫는다. 어린 새싹이 파릇파릇 돋아날 때의 경이로움, 여름 땡볕을 견디고 무럭무럭 자랄 때의 희열, 알차게 영근 열매를 내어주는 그 넉넉함, 이런 귀하고 고마운 가치도 알게 된다.

텃밭이 안 되면 집 안에 화분이라도 키우자. 꽃화분도 좋지만, 상추며 고추 같은 것들을 심어 가꾸어 보는 것이다. 집에 들어와 마땅히 할 일도 없고, 아이들 눈치 보느라 TV도 못 켜는 신세라면 그거라도 들여다보고 있으면 좀 낫다. 물도 뿌려주고 잘 잤느냐, 인사도 하고, 그래 말 못하는 식물하고도 이야기가 되는구나, 하는 것이다. 쌀쌀맞은 아내나 뚱한 자식보다 상추 한 잎, 고추 몇 개가 더 정겨울 수도 있다.

아버지는 "힘드냐? 나는 하나도 힘 안 든다."고 아이들에게 뻥을 친다. 뻥을 치면서 웃는다. 그러나 그런 아버지는 정작 쉴 곳이 없다. 서성일 뿐이다. 집 안 어느 구석을 가도 편하지 않다. 굴러다니는 신문지처럼 이리 차이고 저리 차인다. 차이다가, 구겨진다. 마음도 구겨지고, 몸도 구겨진다. 인생이 그렇게 구겨진다.

구겨진 마음을 활짝 피게 하려면 아버지의 방을 가져야 한다. 집 안에 방을 못 가지면, 집 밖에 가져야 한다. 전원에 집이 있으면 더할 나위 없다. 형편이 안 되면 동네 텃밭이라도 마련하자. 그마저도 안 되면 화분이라도. 그마저도 안 되면, 차라리 살지 말자. 아프다고 소리쳐봤자, 누가 어떻게 해주기 힘들다. 아픔을 나눈다고 하지만, 아픈 사람만 아프다. 누구도 대신 아파 줄 수 없다. 그러니 아프다 싶으면 얼른 알아서 살피고, 무엇보다 아프기 전에 안 아프도록 노력해야 한다. 텃밭 가꾸고 집 안에 화분 하나 갖다놓는 것도, 부지런해야 할 수 있다. 세상에 공짜는 없다.

남자가 보험에 드는 진짜 이유

17세기 프랑스 작가 라 브뤼에르는 이렇게 쓰고 있다.

> 노인은 언젠가 필요할 것이라고 생각해서 돈을 긁어모은 것이 아니다. 왜냐하면 그러한 염려는 조금도 하지 않아도 될 정도의 저축은 이미 가지고 있는 늙은 수전노도 있기 때문이다. 게다가 또 저들이 편안한 생활을 할 수 없게 된다고 해서 두려워할 이유가 있을까. 수전노 근성을 만족시키기 위해 자기 자신의 생활을 고통스러운 것으로 만들고 있는 것은 아닐까. 따라서 이 악덕은 오히려 노인이라는 연령과 기질에 그 원인이 있다. 실제로 노인들은 청춘시대에 연애의 쾌락을 추구하고 있었던 것처럼, 또 장년기에 야망을 쫓고 있었던 것처럼, 지금은 아주 자연스럽게 인색에 골몰하고 있지 않은가. 수전노가 되기 위해서는 힘도 젊음도 필요하지 않다. 그저 재산을 금고 속에 넣어두고 모든 외계와 단절해버리면 그만이다. 그렇기 때문에 이것은 노인에게 걸맞은 정열이다. 노인 역시 인간이기 때문에 정열이 필요하다.

약 400년 전 이야기지만 요즘과 비교해도 크게 다르지 않다. 젊었을 때는 연애하느라 정신이 없고, 나이 들어서는 야망을 쫓고, 늙어서 돈을 붙들고 있는 모습이 시대를 초월해 거의 비슷하다. 사랑과 야망, 그리고 돈이 인간사의 핵심 키워드인 것이다. 젊었을 때도 그렇지만 나이 들어 돈이 없으면 더욱 곤란한 것은 틀림없는 사실이다. 그래서 노인이 과도하게 수전노 노릇을 하게 되고 그래서 손가락질 당하기도 하는 것이다.

노인이 되어 자신을 보호해줄 것이 돈밖에 없다는 생각이 들면 수전노 노릇을 할 수밖에 없을 것이다. 제아무리 멋진 사랑을 하고 꿈을 이루었다 해도 마지막에 돈이 없으면 비참해진다는 사실에는 이론이 없다. 구두쇠 영감 소리를 들으면 그나마 다행이고, 아예 빈털터리 신세가 되면 큰 문제가 아닐 수 없다. 그래서 누구나 나이 들어 돈이 없으면 어떡하나, 걱정한다. 약삭빠른 보험회사는 은퇴 후에 10억 원의 돈이 필요하다는 둥 잔뜩 겁을 주기도 한다.

일본에는 퇴직 후 돈을 더 많이 모으는 노인이 많다고 한다. 라 브뤼에르의 글에서처럼 수전노 근성을 만족시키기 위해 자신의 생활을 고통스러운 것으로 만들고 있기 때문이다. 혹시 돈이 떨어져 어려움을 겪지 않을까, 하는 두려움 때문에 먹을 것 입을 것 줄이고 아끼고 아끼다 보니 오히려 직장생활 때보다 돈이 더 모이는 것이다. 이런 경우 고독사 등 최악의 상황은 피하겠지만 말년이 쓸쓸하기는 마찬가지다.

전문가들은 나이가 들면 돈을 더 벌겠다는 생각은 하지 않는 게 좋다고 한다. 사실 돈이라는 게 젊어서도 벌기가 힘든데, 나이 들어 벌려면 더 힘들다. 나이 들어 돈을 더 벌어야 한다는 생각을 하지 않는 게 아니라, 벌고 싶어도 벌기 힘든 게 현실이다. 젊었을 때 부지런히 벌어 그 돈으로 여생을 꾸려 나가라.

젊었을 때 열심히 돈을 벌어 말년에 편안하게 살고 싶은 마음은 누구나 똑같다. 돈이 벌어야지 마음먹는다고 벌리는 것도 아니고 모으고 싶다고 모아지는 것도 아니다. 노력의 차이에 따라 달라지기야 하겠지만 돈처럼 마음대로 안 되는 것도 없다.

마음을 편하게 먹으라는 말도 마찬가지다. 마음을 편하게 먹고 싶다고 편해질 수 있으면, 그건 도를 깨우친 부처님 경지다. 아무리 내 마음이라도 마음대로 되지 않는 것, 그게 마음이다. 그런데도 마음을 편하게 먹으라고 하는 것은, 어찌 보면 무책임하기까지 하다. 그런 것처럼, 젊어 돈을 벌어 나이 들어 편안하게 살라는 말도 그런 것이다.

젊었을 때 많이는 아니더라도 아주 조금씩은 자신을 위해 돈을 모아두어야 한다. 아예 없는 셈치고 일정 금액을 모으는 것이다. 그것이 보험이 됐든 주식이 됐든, 조금씩 처음부터 내 돈 아니다 생각하고 모아두는 것이다. 티끌이 태산 되기 어렵고, 티끌은 티끌뿐이라고 말하는 사람도 있다. 하지만 사람이 어려울 때는 그 티끌도 엄청난 도움이 된다.

설사 그렇게 어렵게 모은 돈을 아내에게 들켜 다 빼앗기거나 자식들 장가 밑천으로 다 날아갈 가능성이 있다 하더라도 포기하면 안 된다. 자신을 위해 모은 돈이라도 결국 가족을 위해 썼다 생각하면 그리 억울할 것도 없다. 다만, 자신도 없는 셈 치고 모은 돈이니만큼 야무지게 잘 간수해 정말 자신을 위해 꼭 필요할 때 쓸 수 있도록 해야 한다.

자신을 위한 통장을 마련하는 말과 상충되는 것 중 하나가 보장성 보험이다. 자신이 죽으면 남은 가족들에게 보험금이 지급되는 것이다. 아무리 사회보장이 잘되어 있어도 가장이 갑자기 세상을 떠나면 가정경제가 큰 타격을 받을 수밖에 없다. 그럴 때를 대비해 사망보험 따위를 넣는 것이다. 몰래 남편의 명의로 사망보험에 들었다가 부부 싸움을 하기도 한다. 이럴 때 남편은 그냥 모르는 척하자. "아내가 저 혼자 잘 살자고 그러겠나, 다 자식들 생각해서 그렇겠지." 하고 너그럽게 넘어가자. 하기야 남편 죽고 대성통곡하면서 못 살겠다던 아내가 장례 끝나자마자 보험금을 들여다보며 빙그레 웃는다는 말도 있다. 그럴 수도 있다. 그래도 어쩌랴. 죽고 나면 아내가 웃든지 말든지, 젊은 놈 하고 새로 살림을 차리든 말든 죽고 나면 어차피 내 일도 아니고 내 아내도 아니다. 죽어서까지 아내로부터 "인간이 보험도 하나 안 들어 놨다."며 욕먹는 것보다 백 배 낫다.

나라에서 사회복지제도를 아무리 튼튼하게 해도 모든 가정의 리스크를 감당할 수가 없다. 특히 우리나라에서는 스스로 앞가림을 하지 않으면 죽을 각오를 해야 한다. 나라에서 보장성 보험료에 대해 세제혜택을 주고 보험을 가입하도록 유도하는 것은 그나마 다행이다. 그러니 죽어서 '보험에도 가입하지 않은 무책임한 인간'이라는 소리를 듣지 않으려면 미리 보장성 보험 하나쯤은 들어주자.

그렇다고 남은 가족들을 위한답시고 여러 개의 보험을 들어놓고 스스로 목숨을 끊는 일은 없어야 한다. 가끔 뉴스에 이런 사례가 소개된다. 안타까운 일이 아닐 수 없다. 아무리 남은 가족을 위한 일이지만, 이건 정말 잘못됐다.

신이나 이념을 위해 자살테러를 하는 등 자신의 목숨을 함부로 던지는 것처럼 가족을 위한다는 이유로 목숨을 함부로 버려서는 안 될 일이다. 신이나 종교에 대한 잘못된 믿음이 청춘들의 목숨을 아무렇지도 않게 버리도록 하는 것처럼 가족을 위해 자살하는 것 역시 가족에 대한 잘못된 믿음 때문이다. 소설《가시고기》에서 가족을 위해 희생하는 아버지의 애절한 모습이 그려지긴 하지만, 그렇다고 가족을 위해서라면 아버지의 목숨 따위는 아무것도 아니라는 메시지는 아니다.

죽을 쑤어 먹더라도 함께 먹고, 다리 밑에서 자더라도 함께 자며 함께 어려움을 이겨내는 것이 가족이다. 하나가 죽음으로써 다른 가족이 행복하게 산다는 것은 말이 안 되는 소리다. 효녀 심청이 아버지의 눈을 뜨게 하기 위해 공양미 300석에 팔려 갔다는 이야기도 허무맹랑하다. 아버지의 눈을 뜨게 하려고 꽃다운 나이에 바닷물에 풍덩 뛰어든다는 것은 진정한 효도 아니고 아름다운 희생도 아니다. 잘못된 이념만큼이나 비뚤어진 가르침이다.

가족을 위해서라면 아버지는 목숨을 함부로 버려야 한다는 생각은 틀렸다. 물론 평소 가족을 위해 모멸을 견디고 아픔을 이겨내고 열심히 일하는 것은 맞다. 옳고 그름을 떠나, 누가 시키지 않아도 대부분이 그렇게 한다. 경제적으로 어렵다고 해서 아버지가 보험을 들어놓고 자살을 한다는 것은 범죄일 뿐이다.

우리나라 평균수명을 따져보면 남자가 78세, 여자가 84세쯤 된다. 남자가 서너 살 많다고 하면 함께 살다가 남자가 먼저 가고, 여자가 9년 정도 더 산다. 그럴 때를 대비해서라도 보장성 보험이 필요하다. 하지만 그것은 어디까지나 아내의 몫이다. 그러니 남자가 돈 벌어다주면 여자가 알아서 보험에 넣어두면 되는 것이다. 얼마짜리냐 물을 것도 없다. 벌어다준 돈에서 아내가 알아서 하면 그만이다. 그건 남편과 아무 상관이 없는 것이라고 생각하면 속 편하다. 아내는 남편 이름으로 사망보험은 들어도 제 이름으로는 잘 안 든다. 그러니 남편은 자신을 위한 대비를 따로 해야 한다.

자신을 위한답시고 무리하게 저축을 하거나 딴 주머니를 차는 것도 비겁한 짓이다. 돈을 잔뜩 모아놓고도 수전노 노릇하는 늙은이도 꼴불견이지만 젊었을 때 가족보다는 자신을 먼저 생각하고 이기적으로 행동하는 것도 옳지 않다.

가족을 위해 살지 말고 자신을 위해 살아야 한다. 그 말의 의미는 가족은 희생하고 자신은 잘 먹고 잘 살라는 것이 아니다. 가족을 위해 살아야 한다고 하면 의무감이나 책임감이 너무 앞서게 된다. 가장으로서 당연히 의무감과 책임감을 가져야 한다. 그렇다고 해서 의무감이나 책임감만 있으면 힘들어 못산다. 가족으로서 함께 산다는 것이 행복하며, 그래서 기꺼이 일도 하고 보호자로서 역할도 한다고 생각해야 하는 것이다. 결국 가장이나 보호자로서의 역할은 같다. 하지만 마음가짐이 다른 것이다.

가장이 잘못하면 아내나 가족으로부터 비난받거나 외면당할 수 있다. 그럴 때 내가 가족에 대한 의무감이나 책임감만으로 살아왔다고 생각하는 사람은 크게 충격을 받는다. 가족에 대한 의무감과 책임감에 대한 대가가 기껏 가족들의 멸시와 조롱인가 생각하면 하늘이 무너지는 슬픔을 맛볼 수밖에 없다.

의무감이나 책임감보다는 내가 즐거워 한 일이라 생각하면, 만약 그런 일이 닥쳐도 담담하게 받아들일 수가 있다. "그래, 그동안 나도 즐거웠어. 하지만 지금은 행복한 시간을 가질 수 없는 처지가 되어버렸어. 하지만 곧 좋아질 거야." 하며 털고 일어설 수 있는 것이다. 사람이 어려울 때 가족에게 상처받으면 치명적이다. 가족에게 공격당하면, 그것보다 아픈 게 없다.

자식들이 맛있게 먹는 걸 보면, 부모는 슬그머니 젓가락을 놓는다. 내가 안 먹어도 배가 부르고 더 기분이 좋기 때문이다. 하지만 내가 먼저라며, 자기 몸을 먼저 챙기고 다른 가족은 먹거나 멀거나 신경도 안 쓰는 아버지들도 있다. 자신을 위한다며 번 돈에서 한 뭉텅이를 떼내어 자기 통장에 넣거나 딴 주머니에 꼬불쳐넣는 사람이 있다. 그런 사람은 나이 들어서도 구두쇠 노릇을 하고 평생 돈에 벌벌 떨며 살게 된다. 가족간의 진정한 소통이나 보살핌, 배려보다는 자기 주머니에서 돈이 빠져나가지는 않나, 그 걱정만 하고 산다. 그렇게 되면 가족간의 화목은 깨지고, 자신은 스스로 왕따가 되어 고립되는 것이다.

그러니 자신을 위해 대비를 하는 것도 형편에 맞게 잘해야지, 무리하면 안 된다. 자식에게 다 털어주고, 나중에 "너희들이 그럴 수 있느냐?"며 화를 내고 서운해 하는 것도 잘못이지만 자신의 미래를 위해 현재의 자식들에게 희생을 강요하는 것도 옳지 않다. 무슨 일이든 그렇다. 지나치면 모자람만 못하는 것이다. 나를 위한 준비도 그런 것이다.

아내는 남편의 꿈 따위는 묻지 않는다

어느 날 문득, 길을 가던 남자가 하늘을 올려보다가 생각한다. 내가 지금 뭘 하고 있는 거지? 누구는 행복이란 제자리에 있는 것이라고 했다는데, 나는 지금 제자리에 있는 건가? 이런 생각이 들면 남자는 어깨가 처진다. 제자리에 반듯하게 있는 남자라면 어깨가 으쓱하겠지만 그런 남자가 얼마나 될까. 수많은 남자가 내가 지금 제자리에 있기는 한 걸까, 끊임없이 의문을 품는다. 하지만 답은 늘 아닌 것 같다.

그런 것이다. 남자들은 제자리에 있지 않다. 아버지로서, 남편으로서, 자식으로서, 혹은 직장의 부장이나 과장, 혹은 사장이라는 수많은 이름을 놓고 보면 제자리에 있는 게 맞다. 그럼에도 제자리에 있지 않다고 생각한다. 그것은 꿈 때문이다. 어릴 적 꿈이 현실에 없기 때문이다. 꿈은 사라지지 않고 가슴속에 그대로 간직되어 있으나 아직 이루어지지 않았거나 한때 꿈꾸었던 것이 이제는 그야말로 헛된 꿈이 되고 말았을 수도 있다. 꿈이 이루어지지 않았거나 꿈이 사라지고 없을 때, 남자는 쓸쓸하다.

남자는 늘 떠나고 싶다. 아득한 옛날, 들판으로 나와 사냥을 시작하면서 남자는 떠돌아다녔다. 마침내 두 발로 걷기 시작하면서 먼 곳을 보게 되었다. 먼 곳을 본 것은 사냥감을 찾기 위해서였다. 때로는 바람을 통해 사냥감의 존재를 알아채기도 했지만 남자들은 늘 먼 곳을 보면서 사냥감을 찾았다. 먼 곳을 보던 남자의 유전자가 오늘날에도 고스란히 내려와 수많은 남자가 먼 곳을 본다. 바라보면서 떠나고 싶어 한다.

얼음 벌판을 질주하는 북극의 개들이 썰매를 보면 뛰고 싶어 안달하듯 남자들 역시 그렇게 달리고 싶다. 광야를 달리지 못하는 남자들은 술집에서 달리고 또 달리고, 직장에서 달리고 또 달린다. 달리다 지친다. 지친 남자는 거실에 드러누워 TV 속 〈걸어서 세계 속으로〉나 〈세계 테마기행〉 같은 것을 보면서 달리고 싶은 마음을 달래고 또 달랜다. 결국 걸어서 세계 속으로 가지도 못하고 세계여행을 떠나지도 못한다. 대신 술집에서 달리고, 직장에서 달린다.

사는 게 감옥 같을 때가 있다. 직장도 때려치우고, 가정에서도 뛰쳐나가고 싶을 때가 있는 것이다. 피가 펄펄 끓을 때, 그렇다. 그럼에도 그럴 때는 정작 꿈같은 것은 별로 생각하지 않는다. 따지고 보면 지금의 성취도 그냥 얻어진 것이 아니었기 때문이다. 어렵게 얻어낸 성취인 만큼 그것을 단단히 붙들어야 한다는 생각이 머릿속에 가득할 뿐이다. 그래서 주어진 자리에서 열심히 달리고 달린다. 현실이 감옥 같다면서도 그 성취가 주는 기쁨과 보람 때문에 기꺼이 감내한다.

오래 달린 자동차처럼, 엔진이 꺼질 기미가 보이고 시트의 탄력이 떨어지는 것처럼, 인생의 찰기가 떨어질 날이 온다. 어느 가을 날 삼청동 은행나무 길에 은행잎이 우수수 떨어질 때, 불현듯 슬픔을 느끼게 된다. 내 삶도 이제 가을이구나.

꿈을 이루지 못한 남자는 한때 꿈이 있었다는 사실조차 잊어버린다. 어느 날 우수수 떨어진 은행잎들이 밟히고 날리는 모습을 보면서 문득 잊고 있던 무언가를 깨닫는다. 왜 달려왔는지, 비로소 알게 된다. 성취의 기쁨 때문에 달리고 달린 줄 알았는데 꼭 그것 때문만은 아니었다는 것을 알게 된다. 가족에 대한 의무감 때문만도 아니었다는 것을. 그것은 내가 나를 잘 살피지 않았기 때문이라는 것을. 그제야 남자는 자신에게 사과한다. 미안하다고. 내가 원하는 것이 무엇인지, 알면서 모른 체했거나 달리고 달리느라 정말 몰랐을 수도 있었던 것이다. 내가 나한테 미안한 것이다.

"당신, 꿈이 뭐죠?" 아내는 지금까지 살면서 왜 한 번도 이렇게 물어주지 않았을까? 남자는 문득 아내가 야속하다. 아내의 입에서는 늘 돈과 아이들 이야기만 나왔지, 당신, 꿈은 어떻게 됐어요, 하고 물어본 적이 한 번도 없다는 걸 남자는 뒤늦게 깨닫는다.

그런 것이다. 아내는 남자의 꿈 따위는 묻지 않는다. 오히려 남자가 꿈 타령할까 두려워한다. 남자의 꿈은 여자에게 재앙일 가능성이 높다. 남자가 생계를 내팽개치고 꿈을 좇겠다며 뛰쳐나가는 것보다 끔찍한 것이 없는 것이다. 남자가 꿈 타령을 하는 동안 여자는 당장의 현실을 생각한다. 뇌 구조가 그러하다. 그런 걸 알 리 없는 남자는 어느 날 문득, 아내가 자신의 꿈을 챙겨주지 않았다며 서운해 한다. 노쇠의 기미를 보이는 몸과 메

말라 가는 영혼의 샘물이, 그동안 한 번도 꿈을 묻지 않은 아내 탓인 것만 같아 남자는 아내를 미워한다. 헤어질까도 생각한다. 하지만 헤어지기에는 너무 늦었다. 그것조차 이제는 헛된 꿈이라는 것을 알게 된다. 남자는 한숨을 쉬며 주저앉는다.

꿈의 극명한 현실은 예술이다. 무명의 고단한 삶을 견디고 마침내 성공을 이뤄낸 배우가 TV를 통해 수상 소감을 말한다. 그의 손에는 번쩍이는 트로피가 들려 있다. 그의 눈에는 눈물이 글썽인다. 떨리는 목소리로 말한다. 감사해야 할 수많은 사람을 말한 다음 이렇게 마무리한다. "항상 제 곁을 지켜준 아내에게 이 영광을 돌립니다."

무명의 가난한 예술가 곁을 지켜준 아내는 결국 그 영광을 보상받는다. 그 보상이 있기까지 그들 안에 늘 평화로운 강물이 흐르지는 않았을 것이다. 때로는 피터지게 싸웠을 것이고 때로는 그만 살자며 가방을 쌌을 것이다. 무대를 떠나 해운대로 내려가 회를 썰며 무대로 돌아오길 고대하기도 했을 것이다. 아무튼 그들은 그렇게 역경을 이겨낸 것이다. 남자의 꿈을 위해 여자는 기꺼이 현실의 고단함을 감내한 것이다. 그렇기에 그 아내는 충분히 보상받을 자격이 있다.

보상받을 자격이 있는 아내를 버리는 비열한 남자도 있다. 자신의 꿈을 이루기 위해 희생한 아내가 마침내 달콤한 열매를 함께 나눌만 할 때, 그의 곁에는 이미 다른 여인이 서 있었던 것이다. 이럴 때, 이렇게 말하는 것이다. 그 꿈은 도대체 누굴 위한 꿈입니까?

가난한 소설가가 있었다. 그는 마흔이 넘도록 결혼을 하지 못했다. 인물도 좋고, 성격도 좋고, 무엇보다 글 솜씨가 빼어났지만 돈이 없었다. 수많은 장점에도 돈이 없다는 이유만으로 여자들로부터 외면당한 것이다. 그럼에도 착한 그는 열심히 교회에 나갔다. 열심히 술을 마시는 그는 주일에는 주님에게 술 마신 죄를 사해 달라고 기도했다. 그 덕분인지, 그는 교회에서 멋진 인연을 만났다. 그는 그녀를, 자신을 위해 하늘에서 특별히 내려주신 천사라 여겼다. 그녀는 결혼 전에 이런 말을 했다. "당신의 꿈을 펼치며 사세요. 절대 돈 때문에 꿈을 포기하지 마세요."

아내의 바람대로 그는 결코 돈 때문에 꿈을 포기하는 일이 없었다. 열심히 글을 쓰고 사람들에게 아름다운 이야기들을 들려주었다. 여전히 음악의 꿈을 간직하고 있는 중년의 또래들과 어울려 밴드 활동도 했다. 그들은 겨울이면 공연을 펼쳤다. 소박하게 그들의 꿈을 연주하는 것을 보면서 사람들은 저마다의 꿈이 이루어진 것처럼 행복했다.

리얼 스토리다. 남자들은 이런 아내를 둔 남자를 부러워한다. 돈에 신경 쓰지 말라니. 그것도 돈이 없는 남편에게. 꿈은커녕 돈 못 벌어온다며 구박받고 사는 많은 남자에게는 정말 꿈같은 이야기다. 하지만 이것도 그 아내가 생계의 방편을 갖고 있었기 때문에 가능한 일이었다. 그렇다 하더라도 남편의 꿈에 대한 배려는 요즘 세상에 보기 드문 일임에 틀림없다.

아내는 남편의 꿈을 챙겨주지 않는다. 아내가 곁을 지켜준 덕분에 성공한 예술가도 있고, 평강공주처럼 남편을 장군으로 만든 현명한 아내들도 있다. 남편을 대통령으로 만들어낸 힐러리 같은 여성도 있다. 하지만 대개의 경우 남자는 가족을 위해 열심히 일하고, 아내들은 그런 남자를 위해 밥을 차려주고 도시락을 챙겨준다. 가족의 부양자로서 역할을 다 한다는 조건 아래서 여자는 남자에게 베푼다. 베풀면서, 채찍질을 하거나 압박을 가한다. 쥐어짜기도 하고 잔소리를 퍼부어대기도 한다.

남자의 꿈은 아내가 챙겨주는 도시락이 아니다. 제 꿈은 제가 챙겨야 한다. 〈네 꿈을 펼쳐라〉라는 노래가 있다. 그 노래처럼 네 꿈은 네가 펼치는 것이다. 어느 대통령 후보가 꿈이 이루어지는 세상을 만들겠다고 했지만 그럼에도 네 꿈은 네가 펼쳐야 한다. 대통령도, 아내도, 자식도 네 꿈을 펼칠 수는 없다. 네 꿈은 네가 펼쳐야 한다.

의사나 변호사, 고위 공직자나 대통령 등 꿈꾸어왔던 것을 이룬 사람들은 복이 많은 사람들이다. 이루고자 하는 것을 이룬 것만큼 인생에 큰 행복은 없다. 하지만 직업이 꼭 꿈은 아니다. 직업이 아무리 훌륭해도 자신이 열망하는 다른 무엇인가가 있을 수 있다.

어떤 치과의사는 어릴 적 꿈이 뮤지션이었다. 대학가요제에도 나갔었고 멋진 음악인을 꿈꾸었다. 그는 일이 끝나면 스튜디오나 공연장으로 달려간다. 음악카페를 열어 운영하기도 했다. 그는 치과의사로서보다 음악을 연주할 때 자신이 살아있는 느낌이 들었고 행복했다. 병원에 좀 더 신경을 써주었으면 좋겠다고 아내가 잔소리를 해댔지만, 그는 굴하지 않았다. 치과의사로서의 삶은 기껏해야 먹고 사는 것 그 이상도 이하도 아니라고 그는 생각했다. 어떤 때는 치과 일을 하는 자신이 혐오스러울 때도 있었다. 돈을 벌기 위해 하고 싶지 않은 일을 하고 있다는 생각에 모멸감이 들기도 했다. 음악은 그런 그의 마음을 어루만져주었다. 상처 난 자존심에 위안의 물약을 듬뿍 발라주었다.

어릴 적에는 미래의 직업이 꿈이다. 대통령이나 정치인, 판사, 변호사, 의사가 되는 게 꿈이고 목표다. 어른의 꿈은 다르다. 어릴 적 꿈을 이룬 어른은 행복해지고 싶다. 행복해지기 위해 다시 꿈을 꾸거나 자신도 모르게 싹튼 새로운 꿈을 좇는다. 이미 오래전부터 가슴속에 있었으나 미처 이루지 못한 꿈을 다시 좇기도 한다. 그것이 음악이든 미술이든, 여행이든 아니면 로맨스든, 어른이 된 남자는 행복해지고 싶다. 열심히 달리고 달려 명성을 다지고 재산을 쌓아 성취감을 느꼈을 남자는, 어느 날 문득 진정 행복해지고 싶은 자신을 발견하게 된다.

그래서 시간을 쪼개 미술학원에 다니거나 요리를 배우러 다니기도 한다. 춤을 배우거나 음악학원에 등록하기도 한다. 할리 데이비슨을 타고 질주하거나 장난감 로봇을 사모으기도 한다. 꿈이라고 하기엔 간지럽지만, 이런 것들이야말로 삶의 고통을 잊게 하는 인생의 모르핀이다. 거창하고 요란한 것만이 꿈이 아니다. 별것 아닌 것 같지만, 죽을 것처럼 힘든 순간을 견뎌내게 하거나 권태로운 삶에 활력을 불어넣어주는 것이라면, 그게 꿈이다.

꿈은 이루어진다.